古墳との対話

出土品からみえるこの国のなりたち

加藤一郎

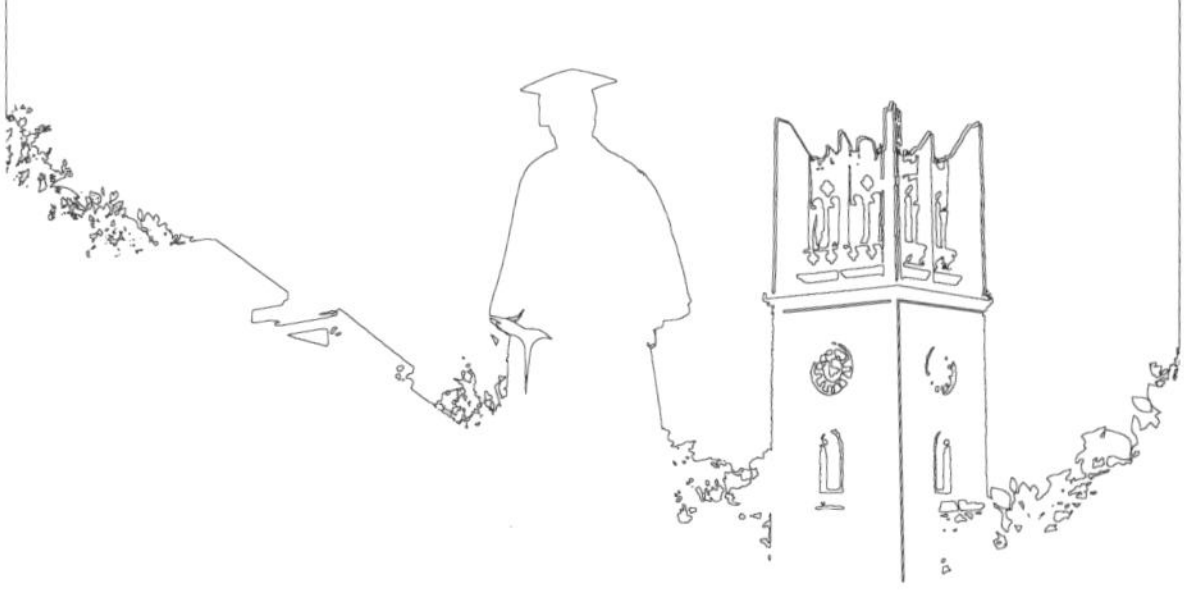

早稲田新書
018

まえがき

古墳時代は日本列島において国家がどのように形成されたのかを考えるうえで非常に重要な時代です。このような考えに対して、『魏志倭人伝』に「邪馬台国」といった「国」の記載があるのだから、日本列島の古墳時代はすでに国家段階だったのはあきらかではないか、といった意見もあるでしょう。確かに、文献の記載をそのまま信用するのも一つの見解です。しかし、当時の中国大陸の国家からみれば、朝貢してくる「国」が多ければ多いほど自国の威厳を高めることができたはずなので、その実態は問わずに「国」として記述したと考えることもできます。そのように考えてよければ、当時の日本列島に「国」と呼べるような統治機構が存在していたのかどうかについて、文献に記載があるからといってそれを鵜呑みにすることはできないでしょう。

したがって、問題となるのは「国」という記述がなされているのかどうかではなく、その

「国」と呼ばれていたものの性質や状態（たとえば、政治体制、統治機構、階層構造など）がどのようなものであったのかという点にあります。こうしたことから、日本列島における国家成立の要件や国家形成過程について、これまでも多彩な方法で数多くの研究がなされてきました。本書もその一つとなるわけですが、そもそもなぜ国家について考える必要があるのでしょうか。それは単純に知的好奇心からということも大いにあります。しかしそれ以上に、日本という国でいまを生きる私たちにとって、国家について考えることは、過去のなりたちを知り、未来を考えるための重要な作業といえます。

このように国家の形成について問題意識をもつことは、近年の日本社会における国家への関心の高まりとも無関係ではないでしょう。たとえば、森友学園への国有地売却に関する問題や、新型コロナウイルス感染症への対応など、国家という統治機構にまつわる問題についてこれほど国民の関心が高まったのは最近では珍しいといえます。この原稿の執筆中にはロシアによるウクライナ侵攻も始まってしまいましたし、安倍晋三元内閣総理大臣の国葬の是非についても話題となりました。このように国家のありようが問われている現代だからこそ、そのなりたちを知ることにも意味があると考えます。

本書では、この日本列島における国家形成を考えるうえで非常に重要な時期としてこれまでも注目されていた古墳時代の実態を、古墳出土品の分析をもとに、さまざまな視点からあきらかにしたいと考えています。そうすることで浮かびあがってくる様相から、間接的にではありますが、国家形成の動態をとらえたいと思います。考古学という方法に立脚するかぎり、出土した遺物や検出された遺構の精緻な分析にもとづく立論をおこなう必要があると考えるからです。そもそも、考古学とは物質的な痕跡から人類の過去を探るという特徴をもった学問です（濱田一九二二）。人類の過去を探るという意味では文献史も目的を同じくしますが、研究対象が文字資料やそれに類するものを主体とする点が考古学とは異なります。

古墳出土品の分析にもとづいて日本列島における国家形成を考えると述べましたが、具体的にいうと本書では古墳やその周囲にならべられた土製品である埴輪《はにわ》や、日本列島で製作された青銅製の鏡である倭鏡《わきょう》を取り上げます。その理由としては、どちらも古墳時代をつうじて使用された数少ない器物であることが大きいです。実は、あらためて古墳時代をながめてみると、古墳時代をつうじて使用され続けた器物というのは意外にも多くありません。したがって、特定の器物を取り上げても古墳時代全体に言及できないことが多いのです。そこで、本書では古墳時代をつうじて使用され、かつ材質も違うために入手の難易度も異なる埴輪と倭鏡という二つの器物に注目することにしました。

埴輪は、人物埴輪や馬形埴輪などその造形から現代人にも親しまれている存在だと思います。その一方で、研究者目線でいうと、埴輪（とくに円筒埴輪）は多くの古墳でみられることから、古墳の築造時期を考える際の有効な研究資料となっています。また、埴輪は生産地である埴輪窯や供給先の古墳ごとに生産・供給体制の分析が精緻におこなわれている例もあり（城倉二〇〇九など）、さまざまな観点から古墳時代を考えることができる器物といえます。

倭鏡は、古墳の埋葬施設におさめられた副葬品のなかでも中国鏡とあわせて希少なものです。二〇一九年に天皇の代替わり（譲位と即位）があり、天皇の正統性を示す三種の神器があらためて注目されましたが、その一つが鏡（八咫鏡《やたのかがみ》）であることもよく知られたことだと思います。古墳時代における鏡の重要性を一般にわかりやすく説明する際にも、三種の神器に含まれることを引き合いに出すことがままありますが、実は三種の神器として鏡が重要視されるようになるのは中世以降のことです（下垣二〇二二Aなど）。とはいえ、古墳時代の鏡の重要性については研究者のあいだで共通見解になっているというのも事実です。

本書ではこの埴輪と倭鏡を主として取り上げますが、もちろんこの二種類の出土品だけで古墳時代の国家形成を語れるわけではないので、それ以外の出土品にも適宜ふれます。

このように本書では、埴輪と鏡を軸としつつ、古墳時代の日本列島に形成されていた王権(倭王権《わおうけん》：大和朝廷、大和政権、ヤマト政権などと呼称されることもありましたが、近年は倭王権とすることが多くなってきています)が国家を形成していく様子をとらえてみたいと思います。

また、そのうえで古墳時代を大局的にながめることも試みたいと思います。古墳時代については研究の細分化が進み、成果も着実にあがっていますが、そうした成果を日本列島の歴史あるいは世界の歴史のなかでどのように位置づけるのか、という大局的な位置づけの確認作業もまた必要だと考えているからです。

古墳時代をどのようにとらえるかといっても、さまざまな切り口があり、これまでにも多様な論点が示されてきました。本書ではそのうちの一部を取り上げているだけですし、私なりの理解を提示しているにすぎません。そのなかには、これまでの古墳時代に対する理解とは異なる点も多少はあるのではないかと思います。古墳時代の見方に多様な切り口があることと、そしてさまざまな理解の仕方があることを知っていただくことに本書の目的はあります。

ちなみに、私は現在、宮内庁書陵部《しょりょうぶ》陵墓課《りょうぼか》陵墓調査室《りょうぼちょうさしつ》に勤務しており、天皇や皇族の墓である陵墓の調査・研究を主な職務としています。宮内庁が陵墓として管理している大阪や奈良にある巨大古墳の発掘調査に従事することもあります。天皇陵の発掘がなされていないことが研究の進展を阻害しているといった旨の意見を目にすることもありますが、発掘調査がまったくおこなわれていないわけではありません。そうした発掘調査に従事し、かつ古墳時代研究を専門としている身としては、非常に資料的に恵まれた立場にあることを実感しながら日々を過ごしています。ただし、本書の内容はあくまで個人的な見解であって、所属とは無関係である点についてはご承知おき願いたいと思います。

なお、本書は二〇二一年に早稲田大学出版部から出版された専門書『倭王権の考古学』の内容を踏まえたものです。本書の執筆にあたっては、より平易な記述を心がけるとともに、同書にはなかった内容も意図的に盛りこむことにしました。本書を手にした読者の方が、何かを得ることができたならば幸いです。

目次

第一章　古墳と死

世界的にも珍しい墓制

死者を弔い葬ることは、生物ではヒトに特徴的にみられる行為といえます（チンパンジーに死を弔う行動の萌芽を見出す意見もあります）。ですから、墓を作ることはヒトがヒトたる所以《ゆえん》の一つといえるでしょう。この墓を作る行為が一部で極限まで肥大化し、さらに階層構造をもちつつ日本列島に広がったのが古墳時代です。

支配階層のみが突出した規模の墓を造ったり、規模はそれほどでなくても群集して墓を作ったりすることは世界的にもしばしばみられることです。しかし、日本列島の古墳時代ほど墓の規模や形が多様で、その築造数も膨大な墓制は珍しいでしょう。

古墳という墓制が時代名称となっていることからもわかるように、日本列島の古墳時代はその墓制に特色があります。したがって、古墳時代の研究はこの古墳を分析することを中心に進められてきました。もちろん、古墳時代人は古墳を築いていただけではないので、それ以外の要素を研究することも重要です。集落や生産遺跡などの分析をもとに古墳時代像を解明した研究としては、若狭徹氏や坂靖氏の優れた業績があるのでそちらを参照してください（若狭二〇〇七、坂二〇〇九など）。その重要性は今後ますます高まっていくはずですが、本書では古墳の分析にもとづく古墳時代像の解明にこだわりたいと思います。その理由としては、私が日常的に接しているのが古墳や古墳出土品であり、だからこそまずは古墳にこだわって古墳時代を研究したい、というところにあります。

古墳のように土（あるいは石）を盛って作った墓（墳墓）は、古墳時代にかぎってみられるわけではありません。古墳時代の前の段階である弥生時代にも墳墓は築かれていますし、特徴的な古墳の形状である前方後円形となるものも弥生時代に存在します。

では、弥生時代と古墳時代はどのように区別すればよいでしょうか。何をもって古墳時代とみなすのか、古墳時代の定義が重要となります。私が考える古墳時代とは、各地に前方後円墳などの同種の墳墓が展開しつつ、中枢部（現在の奈良県や大阪府）の墳墓が諸地域とは隔絶した規模と内容をもつようになった時代です。そして、このような状況が三世紀中頃から六世紀いっぱいまで継続するので、この期間を古墳時代とします。

古墳時代をどのように区分するのか

古墳時代といっても、その期間は三世紀中頃から六世紀にかけての三五〇年近くにわたるため、さらに前期、中期、後期の三つに細分することが一般的です。このように古墳時代を三つに区分することは研究者間でおおむね合意されていますが、どこで区切るのかについてはさまざまな意見があり、人それぞれというのが現状です。

前期と中期の画期については、河内平野に倭王墓が築造されるようになったことを指標とすることが一般的です。具体的にいうと、大阪府藤井寺市に所在する津堂城山《つどうしろやま》古墳の築造をその指標とすることが多いです。津堂城山古墳は墳長約二一〇メートルであり、河内平野に初めて築造された大型前方後円墳といえます。また、二重の周濠《しゅうごう》をもち、埋葬施設は竪穴式《たてあなしき》石槨《せっかく》内に長持形石棺《ながもちがたせっかん》（蓋石には格子状の紋様あり）をおさめ、鏡や巴形銅器《ともえがたどうき》などの副葬品も知られています。しかし、津堂城山古墳の墳長約二一〇メートルという規模では倭王墓とみなせないと考えます。その時期の倭王墓は、埴輪からわかる築造時期と墳丘の規模から判断して、奈良市所在の五社神《ごさし》古墳（墳長約二七五メートル：前方後円墳）であり、倭王権中枢の墓域はまだ河内平野には移動していないようです。倭王権中枢の墓域が河内平野に移動するのは、大阪府堺市所在の上石津《かみいしづ》ミサンザイ古墳（墳長約三六五メートル：前方後円墳）が築造される段階でしょう。実年代でいうと四〇〇年頃になります。上石津ミサンザイ古墳は、蓋《きぬがさ》形埴輪や靫《ゆき》形埴輪といった形象埴輪が多数出土していることで知られています。

中期と後期の画期については、倭王墓の築造が百舌鳥《もず》・古市《ふるいち》古墳群古墳から離れること（大阪府高槻市所在の今城塚《いましろづか》古墳の築造）や、埋葬施設として横穴式石室が一般化する六世紀初頭頃とする意見が一般的ですが、古式群集墳が出現する五世紀後葉とする意見も一定数みられます。私は後者の立場をとります。

このように、古墳時代の区分方法には色々な意見があります。私が考える古墳時代の画期の指標は、古墳という墳墓の築造原理が大きく変革された段階であるべきとの考えにもとづくものです（一つめの画期は倭王権中枢の墓域が特定の勢力とは関係なく河内平野へ移動した段階、二つめの画期は古墳に埋葬される被葬者の社会的階層が急激に拡大した古式群集墳が出現する段階）。その結果、私が考える古墳時代中期は四〇〇～四七五年頃という非常に短い期間になっています。

前方後円墳にこめられた意味

前方後円墳のほかにもさまざまな形状の古墳があります。具体的にいうと、前方後方墳、帆立貝形前方後円墳、円墳、方墳などです。八角形墳や上円下方墳といった形状の古墳をご存知の方もいるかもしれませんが、これらは厳密にいうと前方後円墳の築造が終焉して以降のものになるので、古墳時代に後続する飛鳥時代に帰属します。したがって、本書では八角形墳や上円下方墳は扱いません。

さまざまな形状がある古墳のなかでも前方後円墳は独特の形状をしていますが、この形にはどのような意味があるのでしょうか。形状の由来としては、弥生時代にみられる円形の墳墓とそこにつけられた通路となる渡り土堤（陸橋）を起源とすることが確実で、前方部はこの陸橋部分が発達したものと考えられています（森下二〇一六など）。

しかし、それだけでは語りきれない要素がまだあるのではないかと思います。たとえば形状が示す象徴性です。そこで注目したいのは、前方後円墳を壺に見立てる考えです（車崎二〇〇〇など）。壺は子宮のシンボルであり、そのなかに埋葬されることで死者が再生する、という象徴性を読み取るわけです。前方後円墳の意味をそれのみで語ることはできませんが、前方後円墳がもっていた多様な意味や機能の一つとして、そして古墳時代人の思想を考えるうえで重要な意見だと思います。

このように古墳の形状には、さまざまな意味や機能が重層的に付与されていたようですが、それが古墳として巨大化していくにはどのような理由があったのでしょうか。

私が考古学を学び始めた頃（一九九六年頃）、古墳築造の目的として教科書的に語られていたのは、近藤義郎《こんどうよしろう》氏による説でした（近藤一九八三）。具体的にどのような説だったのかというと、古墳は単なる埋葬ではなく、被葬者である亡き首長が引き継いでいた祖霊＝首長霊を次代の首長が継承することを示し、権威を発揚する儀礼をおこなう場であった、とする考え（首長霊継承儀礼説）です。

当時は私もこの説を盲目的に受け入れていましたが、いまあらためて考えてみると色々と問題があるように感じます。たとえば、近藤氏の説には大嘗祭《だいじょうさい》のイメージが投影されているのではないでしょうか。大嘗祭とは、天皇が即位後に初めておこなう新嘗祭《にいなめさい》（国と国民の安寧や五穀豊穣を祈る祭儀）です。私は宮内庁の職員として二〇一九年におこなわれた大嘗祭をお手伝いする経験をしましたが、その際に気になったのは、こうした一連の儀式のなかに本当に古くから続く伝統に対して、近代国家の誕生とともに創出されたいわゆる「創られた伝統」（ホブズボウム他編一九九二）がどれだけあるのだろうかということです。「伝統的」と考えられるものでも、近代になってから創造されたものが意外に多いということはよく知られています。

そのような視点で古墳築造の目的を考えていると、色々と自分なりの見方ができるようになってきました。詳細は本書のなかで示していきたいと思いますが、一つここで示しておくとすれば、古墳は第一義的に墓であり、ヒトを葬った施設であるということです。

古墳と倭王権——前方後円墳体制とその評価

すでにふれたように、古墳時代は前方後円墳に代表される古墳が各地にみられるという共通性をもつ一方で、その規模を比較すると倭王権の中枢域が隔絶した規模をもつという特徴が継続する時代です。

こうした状況について、古墳の形状とその伝播は、国家秩序における身分表現だけでなく、そうした国家構造を継承していく社会的機能があることが古くから指摘されていました。この西嶋定生《にしじまさだお》氏（東洋史学者）の指摘は、その後の研究に大きな影響をあたえています（西嶋一九六一）。

たとえば、古墳時代が律令時代に先行する国家段階であったことを指摘し、古墳時代を初期国家、律令時代を成熟国家として評価した都出比呂志《つでひろし》氏の研究は（都出一九九一）、西嶋氏の見解を継承したものといえます。都出氏は国家段階であることの根拠として、古墳時代における、①古墳の形状や規模の差異による身分制的秩序の存在、②租税制・徭役制の存在、③官人組織や軍事機構の存在、④必需物資流通機構の掌握、といったのちの成熟国家である律令時代につながる特徴をあげています。そして、こうした社会を象徴するものとして前方後円墳を頂点とする政治秩序の形成を評価し、前方後円墳体制と呼ぶことを提唱しました（図1）。これは政治秩序の呼称であり、律令体制、権門体制、幕藩体制よりも先行しますが、それらと比較しうる政治的秩序が古墳時代に形成されていたとみるわけです。

古墳にはさまざまな形状と規模があることはすでに述べました。それらを通覧すれば、その頂点に前方後円墳が位置づけられることはあきらかであり、学界の共通見解といえます。しかし、都出氏が前方後円墳体制確立の背景に「倭人系の民族の形成」を想定していることは、大きな問題をはらみます（都出一九九三）。

誤解を恐れずに単純化していえば、このことは「前方後円墳の築造領域＝倭の領域」を意

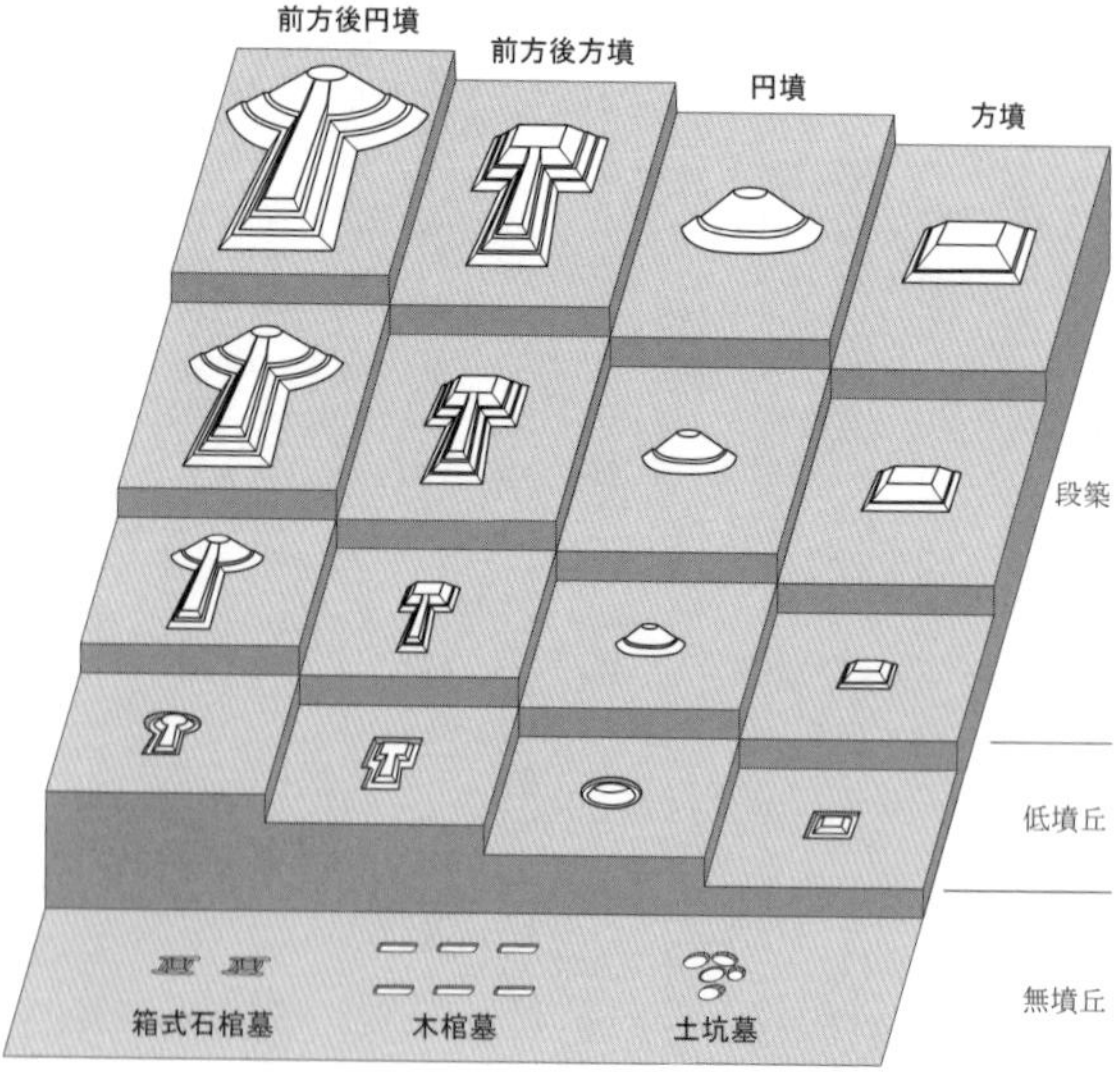

図１　前方後円墳体制にみる階層構造

味します。したがって、この論理でいくと、現在、前方後円墳の存在が確認されるようになっている朝鮮半島の栄山江流域も倭の領域であったということになりかねません。しかし、栄山江流域の様相を丹念に精査すると、もっと複雑な状況を呈するようです（高田貫二〇一七）。

都出氏の教え子でもある杉井健氏によると、都出氏には現代の社会や国家に対する強い問題意識があり、偏狭な民族主義に結びつく危険性のあることを認識したうえで、国家形成の問題が民族形成とも密接に関わるのであえて取り組んだことが指摘されています（杉井二〇一四）。

前方後円墳を頂点とする古墳時代の墓制のあり方を認め、かつ都出氏の問題意識に学んだうえで、この前方後円墳体制の実態を精緻に追求していく必要がありそうです。

前方後円墳築造領域の変動

前方後円墳の築造領域についてふれましたが、その最北端は岩手県奥州市の角塚《つのづか》古墳（墳長約四五メートル）、最南端は鹿児島県肝属《きもつき》郡肝付《きもつき》町の塚崎五一号墳（墳長約七一メートル）です。しかし、古墳時代をつうじて常にこの地域まで前方後円墳が築造され続けたわけではありません。その築造領域にはかなりの変動がありました。また、倭王権の中枢域から離れるほど、前方後円墳の分布は点的になります。その背景には倭王権と各地域の思惑がそれぞれ反映されていると考えられます。中央からの見方、地域からの見方、あるいはそれ以外の見方など、さまざまな切り口から多様なアプローチが可能といえます。

各地域における大型古墳の築造動向を踏まえた、首長墓系譜の継続や断絶に注目した研究がなされて一定の成果をあげています。倭王権中枢と地域との関係を踏まえると、それぞれの代替わり時に関係の変化が生じる機会があったのではないかと推測します。したがって、倭王権側の代替わりの際には、全国的に共通した動きがとらえられる可能性があります。しかし、地域側の代替わりは各地で共通するわけではないでしょうから、共通性を把握することが難しいのだろうと思われます。これまでの研究では、各地における大型前方後円墳の出現や首長墓系譜の断絶に注目して、これを倭王権中枢の勢力交替に結びつけることが多かったようですが、そうした現象は多くが単発であり、それは政権交替があろうがなかろうが、倭王権が次々に地域を組みこんでいった産物と考えられます。まずは、倭王権側の代替わりに伴う変動を整理することが研究を進めるための近道といえそうです。

ちなみに、都出氏の前方後円墳体制をあらわした図を提示しましたが（図1）、常にこれだけの墳丘形態の種類と大きさの差別化がなされていたわけではありません。図1のような状況がみられるのは、古墳時代中期のかぎられた時期のみです。単純化することはわかりやすくなる反面、見落としてしまう点があることにも注意しておく必要があります。前方後円墳の築造領域に変動があることも同様です。

前方後円墳の築造領域に関連してもう一つ話をしておきます。弥生時代以降、日本列島には「北の文化」、「中の文化」、「南の文化」が存在し、東北地方や九州南部が「ボカシの地域」（上述した文化が混交する地域）であったとされています（藤本二〇〇九）。約二〇年前まで九州南部の古墳時代観は、『古事記』や『日本書紀』の内容を踏まえて、倭王権による熊《くま》襲《そ》・隼人《はやと》（南九州の先住民）の征討と古墳の出現を関連づけて理解する考えや、地下式横穴墓・板石積石棺墓といった特徴的な墓制を熊襲や隼人に対応させて論じることが支配的でした。しかし、現在ではそのような理解は否定され、日本列島や朝鮮半島といった諸地域との関係のなかでその多様性をとらえようとする研究が進められています（橋本二〇一二など）。同様のことは九州南部だけでなく、もう一方の古墳築造の境界領域である東北地方でも指摘されています（藤沢二〇〇一など）。

国家形成過程の評価と国家の要件

都出比呂志氏が提唱した前方後円墳体制論は、日本列島における国家形成について、それまで研究を主導してきた文献史だけでなく考古学からも主体的に研究をおこなうことができることを示した点で画期的でした（森下二〇一六など）。都出氏の前方後円墳体制論（あるいは初期国家論）は、それ以降、古墳時代を考える際の基本的な見方になっているといえます。

しかし、それ以外の意見がないわけではありません。たとえば、広瀬和雄氏は古墳時代を律令国家への形成過程としてみるのではなく、一つの独立した時代としてとらえています。そして、その構造的特質をあきらかにすべきであり、一定の領域をもって軍事と外交、イデオロギー的共通性をそなえた首長層の利益共同体が出現した古墳時代を前方後円墳国家として評価しています（広瀬二〇一〇）。

広瀬氏が指摘しているとおり、確かに都出氏の初期国家論では、古墳時代を形成過程として発展段階的にとらえてしまうことは否めず、正確に古墳時代の動態を把握するには余計な先入観をあたえてしまいがちだと思います。ただし、ここで注意しておきたいのは、古墳時代は安定的に発展した時代であったとする理解が、一般的に認められた教科書的な理解だということです。しかし、追ってふれますが、古墳時代の一つの特徴として不安定さがあると私は考えています。

なお、広瀬氏は「亡き首長がカミと化して共同体を守護する」という共同幻想にもとづいて前方後円墳が築造され、祭祀がおこなわれたことを説いています（広瀬二〇〇三）。このような考えは、さきほどふれた近藤義郎氏の首長霊継承儀礼説につうじるところがあるように思いますが、そのような考えには疑問符がつくこともすでにふれたとおりです（ただし、広瀬氏は首長霊継承儀礼説には否定的なようです）。

何をもって国家として認定するのか、国家の要件は研究者によってさまざまです。すでにふれた都出比呂志氏は、国家形成の指標として、①階級関係、②余剰の存否、③権力の形態と内容、④社会統合の原理、⑤物資流通、の五つをあげています（都出一九九六）。同様に、福永伸哉氏は、①王権を正当化するイデオロギーと儀礼、②外交権の独占、③軍事力を伴う公的な抑止力、④広域流通の管理、⑤機能分化した統治組織、⑥社会の余剰を吸い上げて戦略的に投資するしくみ、⑦法制度の完備、を国家の特徴としてあげつつ、これらによって中心周辺関係の秩序を維持させることに成功した社会であることを主張しています（福永二〇〇五B）。また、下垣仁志《しもがきひとし》氏は国家成立の指標として、経済・軍事・イデオロギー・領域といった権力コントロールを効果的かつ恒常的におこなう支配機構の成立をあげています（下垣二〇一一）。

このようにみると、それぞれの研究者が考える国家の要件にはそれほど差異がないようですが、ここではこれらの指標のなかで軍事に注目したいと思います。

というのも、古墳時代の軍事に関する評価は、研究者によって大きくわかれるからです。古墳の副葬品には武器・武具も多く含まれ、とくに古墳時代中期には鉄製の武器・武具が大量に集積されるような事例も増えます。こうしたことから常備軍などの存在を推測する意見（藤田二〇〇六など）が一般化しているようです。

しかし、結論を先にいうと、日本列島の国家形成の指標として軍事はそれほど重要ではないと考えます。その根拠は追って示しますが、古墳時代の武器・武具は実用可能なものではありますが、主な用途は見せるためのものであり、支配や服属の象徴として重視されたのではないか、と考えるからです。

大型古墳群の推移と政権交替

現在の奈良県と大阪府には大型前方後円墳を多数含む大規模な古墳群がいくつかあります。具体的には、奈良盆地東南部には古墳時代前期前半が主体となる大和《おおやまと》・柳本《やなぎもと》古墳群、奈

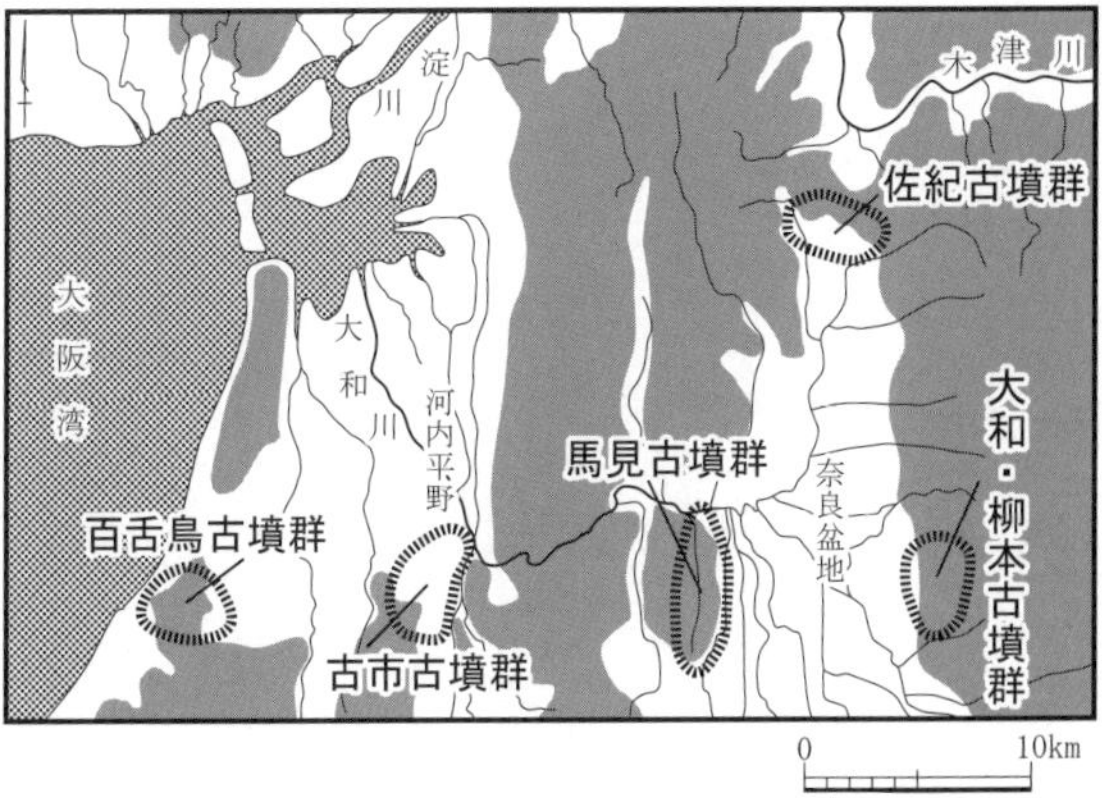

図２　大型古墳群の位置

良盆地北部には古墳時代前期後半～中期前半が主体となる佐紀《さき》古墳群、河内平野には古墳時代前期後半～中期前半が主体となる古市《ふるいち》古墳群や古墳時代中期が主体となる百舌鳥《もず》古墳群などが形成されます（図２）。これらの古墳群はいずれも倭王権中枢の墓域であったと考えられますが、上にも記したように主たる形成時期が異なります。

　こうした倭王権中枢における墓域の移動については、さまざまな意見がこれまでにも提示されており、大きく二つにわけることができます。一つはそれぞれの墓域を特定勢力の本貫地とみなす考え（白石一九九九など）、もう一つは墓域と特定勢力の本貫地とは無関係とみなす考えです（近藤一九八三、広瀬二〇一〇など）。前者については、倭王権における主導権の交替を想定する考えとも結びついています。とくに奈良盆地から河内平野へと倭王権中枢の墓域が移動する現象は、河内平野を本拠地とする勢力が政権を取って代わったとみる河内王朝論とも呼ばれる一連の学説とも結びついています。河内王朝論についてはこれ以上ふれませんが、下垣仁志氏が詳しく解説しているので興味のある方はそちらをご覧ください（下垣二〇〇四）。また、田中晋作氏はこうした倭王権における主導権の交替を「政権交替」と表現しています（田中晋二〇〇九）。五五年体制崩壊後の日本の政治状況が意識されたネーミングといえるでしょう。

この倭王権中枢の墓域の移動に関する私の考えは以下のとおりです。まず、中国の歴史書である『魏志倭人伝』に卑弥呼が「共立」されたとあることから、倭王権の構造は複数の有力集団（特定勢力）が並立し、そうした有力集団（特定勢力）の首長のなかから倭王が選出（共立）される体制であったと考えています。そして、それぞれの有力集団が本貫地に自分たちの墓を築造していたことは認めますが、それと倭王権中枢の墓は区別して考える必要があるのではないでしょうか。すなわち、倭王墓やそれに伴う墓などから構成される倭王権中枢の墓域は、有力集団の本貫地と関係があったとは必ずしもいえず、墓域の選定に関する規範も変動するものであったと考えます。したがって、倭王権中枢の墓域の移動は「政権交替」のような断絶を伴う変革を意味するわけではなく、複数の有力集団（特定勢力）による不安定な連合体における規範の変更といった程度のものといえるでしょう。

その根拠としては、まず王宮に関する文献史の研究成果とも整合することがあげられます。具体的にいうと、倭王に就任しうる格の高い王族の王宮の所在地は基本的に奈良盆地南部に集中しているそうです（古市二〇二一など）。

また、継続して前方後円墳という特殊な形状の墳墓を築造し続けることと、埴輪や倭鏡じたいの変遷やそれらの生産体制でも断絶といえる特徴がうかがえず、むしろ継続性がみてとれることなどがあげられます。このように、古墳時代を考える際には、その継続性と断絶性をどのようにとらえるか、という点が肝要なのではないでしょうか。

邪馬台国論争

この三〇年ほどのあいだに三角縁神獣鏡《さんかくぶちしんじゅうきょう》や年代測定法に関する研究が大きく進展したた

め、古墳時代の開始時期がそれまでよりも五〇年ほど遡上することになりました。このことによって、初期の古墳時代が『魏志倭人伝』に登場する邪馬台国の時代とリンクするようになりました。

邪馬台国といえば、その所在地が論争になっていることを多くの方が知っていることと思います。そして、畿内説と九州説が主要な説として対立しています。しかし、邪馬台国の所在地を考古学的に確定させるには親魏倭王の金印が出土するといったことがないと難しいので、古墳時代の研究者としては取り上げるのがなかなか難しい問題です。ただし、その後の倭王権中枢のあり方や大型古墳の築造状況といった状況証拠を踏まえれば、畿内説でほぼ確定だと考えている研究者が大多数だと思います。

けれども、こうした学説の対立をマスコミなどが取り上げる際には、どうしても両論併記となり、どちらの説も均等に紹介されることが多く、一般社会ではいまだに邪馬台国論争は解決せずにくすぶっているかのように理解されているようです。先日も、佐賀県吉野ヶ里遺跡で未盗掘の石棺が発掘されて大きな話題となっていましたが、研究者の多くは冷静な反応でした。

古墳時代人にとっての古墳築造

読者の皆さんは、古墳時代人がどのように思いながら古墳を築造していたと考えるでしょうか。古墳を築いた目的とも関係しますが、近年は古墳築造の一つの役割として公共事業としての性格を強調する意見（北條二〇〇〇など）が一般に流布しつつあるようです（下垣二〇二二B）。具体的にみてみると、古墳の築造を強制的な労働とするのではなく、民衆が積極的に参加できる経済的な政策であり、積極的に古墳築造に参加するような牧歌的な光景がイメージされているようです。

さすがに人々が鞭で打たれながら奴隷として酷使されるようなことはなかったと思いますが、古墳築造に際して労働を強要させられた人は多かったのではないかと思います。そもそも古墳は基本的に特定個人を葬るための墓であり、そのような個人の墓を作るために多くの人員を動員することに対して合理的で肯定的な理由をみつけることは難しいです。古墳築造が公共事業というのであれば、築造をやめてその余剰を分配したほうがよい、と考えるのが自然ではないでしょうか。

古墳築造を公共事業とみなす考えは、古墳築造じたいを目的化してしまっており、古墳築造の本当の意味を考えることが難しい論理体系になってしまっている気がします。古墳の築造には古墳時代人の思想がそれなりに反映されているはずだと考える私にとって、公共事業説は首肯できない説といえます。

古墳の名称――「仁徳天皇陵」、「大山《だいせん》古墳」、「大仙陵《だいせんりょう》古墳」

古墳にはそれぞれ名称がついています。大半の場合、古墳の名称は一つです。しかし、なかにはいくつかの名称をもつものがあります。古墳によって事情は異なりますが、俗称があったり、複数の伝承があったりするなど、色々な事例を想定できます。

古墳の名称で問題となることが多いのは、宮内庁が管理する陵墓（天皇や皇族のお墓）となっている古墳です（いわゆる天皇陵古墳）。規模の大きな古墳の多くが現在は宮内庁が管理する陵墓となっています。陵墓にはそれぞれ被葬者が定められているので、陵墓としては一般的に「仁徳天皇陵」などと呼称されており（正式には仁徳天皇百舌鳥耳原中陵《もずのみみはらのなかのみささぎ》といいます）、それを踏まえて仁徳天皇陵古墳などと呼ばれることもよくあります。

しかし、これに対して古墳の築造時期と被葬者の死亡時期に乖離があり、宮内庁による陵墓の治定《じじょう》の確実性を疑問視するとともに、その不確実な特定の被葬者名を冠して古墳を呼称するのは問題であることを森浩一氏が指摘したことによって、被葬者とは関係ない地名や伝承などにもとづく古墳名（通常の遺跡命名方法による古墳名）を研究者は意図的に使用するようになっています（森二〇一一）。

それにもかかわらず宮内庁が仁徳天皇陵として管理する古墳は、大山古墳、大仙陵古墳、仁徳天皇陵古墳などさまざまな名称で呼ばれています。しかも、これらの名称にはそれぞれ理由があるという点が問題をさらに複雑にしています。

少し詳しく説明すると、大山古墳というのは、所在自治体である堺市や大阪府が文化財行政的に使用している遺跡の名称（遺跡地図や周知の埋蔵文化財包蔵地の台帳に記載されている名称）です。大仙陵古墳という呼称は、江戸時代に大仙陵とされていたことに由来します。仁徳天皇陵古墳という呼称は、堺市、大阪府、文化庁、外務省、ユネスコなどが関わる世界遺産である百舌鳥・古市古墳群の構成資産としての名称です。

このように古墳をどのように呼称するのか、という点だけでも色々な問題があるのです。

ちなみに、私は原則として遺跡地図で使用される名称を使用することにしています。そして、その名称だけでは同名の古墳が多くあって区別がつけられない際には、頭に大字《おおあざ》などの地名などを付すようにしています。たとえば、堺市には御廟山古墳とされる遺跡がありますが、御廟山古墳というのは全国にあるので、私は百舌鳥御廟山《もずごびょうやま》古墳と呼ぶことにしています。

「正しい」古墳の名称を追究する研究者の多くは、古い時期にどのように呼称されていたのか、ということを重視します。しかし、文字資料として残ったものがすべてではないと思いますし、その後にどのように呼称が変化したのかというのも歴史の一ページだとも思います。

さきほどふれた百舌鳥・古市古墳群という名称も、約三〇年前までは古市・百舌鳥古墳群と呼ぶことが一般的でしたが、世界遺産登録に主導的な役割を担った堺市に所在する百舌鳥古墳群を先にした百舌鳥・古市古墳群という呼称がいつのまにか一般的になってしまいました。

現在にいたるまで、どのような推移があったのかに思いをはせつつ、現代の文化財行政としての名称を記号として割り切って使用するというのが私のスタンスです。

ここで少し思い出話をしたいと思います。さきほどふれましたが、天皇陵古墳にまつわるさまざまな問題について先鞭をつけた森浩一氏（同志社大学名誉教授、一九二八〜二〇一三年）は私の恩師の一人です。その森先生（ここではこのように呼ばせていただきます）が職場にいる私に電話をかけてきて、質問をされることが何度かありました。

その質問はいつも天皇陵古墳に関することでしたが、たとえば大阪府羽曳野市に所在する前の山古墳（陵墓名は白鳥陵）に関する質問があった際に、森先生は「白鳥陵」と呼び、私は右でふれた経緯に配慮して「前の山古墳」と呼んで、回答したことがありました。皇国史観のもとで教育を受け、「白鳥陵」という呼称が晩年でも自然と出てくるほど身にしみついていた森先生が、天皇陵古墳の名称について問題提起をしたということの偉大さをあらためて感じた出来事でした。

第二章　埴輪

「埴輪」の登場

『日本書紀』には、垂仁《すいにん》天皇の皇后である日葉酢《ひばす》媛命《ひめのみこと》が崩御《ほうぎょ》した際、群臣の一人であった野見宿禰《のみのすくね》が天皇に対して、これまでの習慣であった墓に人を生き埋めにすることに替えて、土製の人や馬などを造作してならべることを進言した記載があります（具体的には「…土物《はに(もの)》を以て生人《いきたるひと》に更易《か》へて、陵墓《みささぎ》に樹《た》て…」とあります）。この記載は、埴輪の起源に関する説話として有名なくだりですし、人の死という凶事にたずさわった氏族である土師《はじ》氏の祖先伝承としても広く知られています。そしてこの土製品が「埴輪」と名づけられました。

具体的にいうと、日本書紀には「…是《こ》の土物《はに(もの)》を號《なづ》けて埴輪《はにわ》と謂《い》ふ。亦《また》は立物《たてもの》と名《なづ》く」とあるので、埴輪あるいは立物と呼ぶことが正しいようです。現在では埴輪という呼称が定着し、一般的になっていますが、問題がないわけではありません。

というのも、埴輪の「埴」という字は粘土という意味なので、埴輪という語は土製のものに限定して使われるべきです。しかし、古墳からは木製や石製の「埴輪」が出土することもあります。木や石でできているのに、土製という意味を含んだ「埴輪」という語を使用することは本来的にいうと誤りでしょう。

代替案としては、埴輪の代わりに立物《たてもの》という語を使用し、材質ごとに土製立物、木製立物といったように呼びわけるのがいいと思います。しかし、現状では埴輪という語が広く一般に普及してしまっているので、このような問題点を認識しつつも、この埴輪という語を使っていかざるをえないのかなと思います。

なお、古墳に埴輪をたてることについて、研究者はよく「埴輪を樹立する」などとして、「樹立」という語を使用します。おそらく、「…土物《はに(もの)》を…陵墓《みささぎ》に樹《た》て…」という日本書紀の記載の影響があるのだと思いますが、「樹立する」という語は「国交を樹立する」とか「世界新記録を樹立する」といった「何か物事をうちたてること」を示すものなので、個人的には埴輪を古墳にたてることを示す語としては不適当だと考えており、設置するなどの語を使用するようにしています。

埴輪の意味

右で紹介した埴輪の起源説話では、主君の死に伴って近習《きんじゅう》として奉仕していた人々もその主君の墓に生き埋めにされること（殉葬《じゅんそう》）に替えて、人や馬をかたどった埴輪が誕生したことなっています。しかし、実際にはそうではありません。人や馬などをかたどった埴輪は、埴輪が誕生してからかなり時間がたってから登場しました。

それでは、埴輪はどのように誕生したのかというと、その起源は岡山県内の弥生時代の墳丘墓から出土する特殊器台や特殊壺という飲食物供献用の土器にあるというのが共通見解です。この特殊器台や特殊壺が倭王権の中枢地域で受容されて誕生したのが円筒埴輪です。

この円筒埴輪は、朝顔形埴輪とともに古墳の各所にもうけられた平坦面に列をなして配置されました。この列状に配置された埴輪のまとまりは、埴輪列や円筒埴輪列と呼ばれます。円筒埴輪は、それ単体では飲食物供献という機能を本来はそなえていますが、埴輪列として列状に配置することでカキ（垣＝境界）を意識していたと推測されます。内と外を区画すると同時に結びつける両義性（二つのものを逆説的に象徴すること）をもつものとしても存在していたのでしょう。すでにふれたように、古墳というのは第一義的には墓なので、生と死という両義性が再生という観念と結びつくことも意識されたと考えられます（車崎二〇〇四）。この墳丘平坦面に埴輪を配列すること（埴輪列）は、古墳時代をつうじてみられるもので、埴輪の本義はここにあると考えます。

埴輪を配置する場所は、すでにふれた墳丘平坦面だけではありません。後円部（あるいは前方部）にもうけられた埋葬施設の上、造出《つくりだし》の上、堤の上などにも埴輪は設置されます。埋葬施設の上には、墳丘平坦面と同様に当初から埴輪が設置されていたようですが、それ以外は後出します。そもそも造出や堤は当初から古墳に存在した施設ではなく、あとから付け足されたもので、古墳時代前期後葉以降にみられるものです。この造出や堤にも区画する埴輪列が設置されますが、その区画の内側には形象埴輪も配置されるようになります（図3）。

形象埴輪の意味

当初は埴輪列を構成する円筒埴輪・朝顔形埴輪（あるいは壺形埴輪）のみであった埴輪の種類も時期がくだるにつれて増えていきます。古墳時代前期中葉（前葉の可能性もあり）には、家形埴輪や鶏形埴輪が出現し、埋葬施設の上に配置されるようになります。その後、前期後葉になると、埋葬施設の上には蓋《きぬがさ》形埴輪、盾《たて》形埴輪、甲冑《かっちゅう》形埴輪、靫《ゆき》形埴輪といった器財埴輪ともいわれるたぐいの埴輪が配置されます。さらに、中期後半になると堤に人物埴輪や馬形埴輪などの四足をもつ動物埴輪が器財埴輪や家形埴輪などとともに配置されるよう

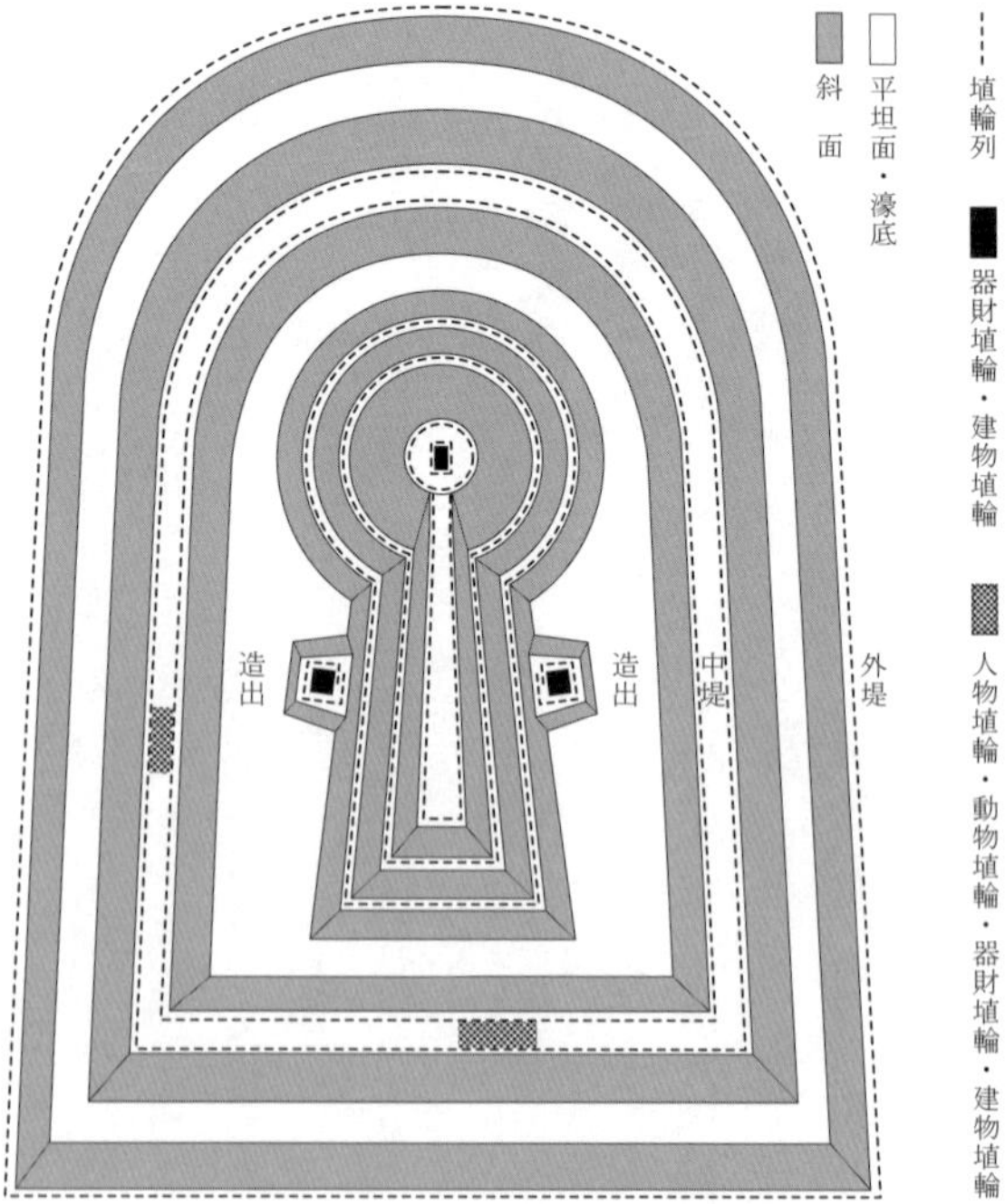

図３　古墳と埴輪配置

になります（図４）。

このようにみていくと、古墳に造出や堤といった施設があとから付け足されるように、埴輪も当初は円筒埴輪による埴輪列だけであったところに、それを継続しつつ新たな要素が付加されていることがわかります。具体的にいえば、列をなす円筒埴輪のみが存在していたところに、器財埴輪、人物埴輪、動物埴輪

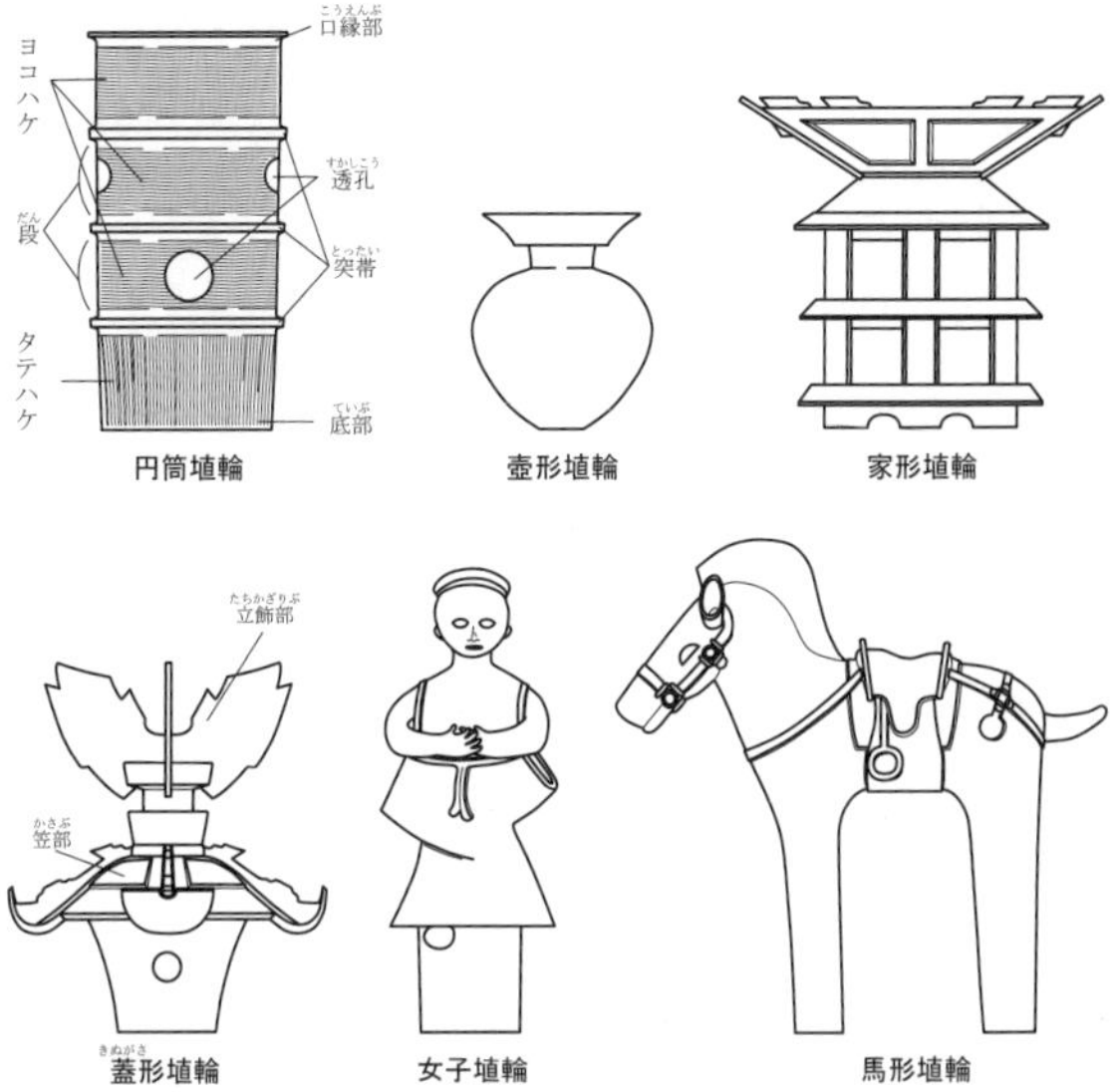

※それぞれ縮尺は任意

図４　埴輪の器種と各部名称

が順を追って加わっていくのです。

このように埴輪には、使用される場所ごとに多様な種類のものが存在しますが、基本的には図5のように分類できると考えます。

円筒埴輪の意味するところについてはすでに述べましたが、これらのあとから加わった埴輪の役割は何だったのでしょうか。

まず、あらためて確認しておきたいことは埴輪の本義は

- 埴輪
  - 円筒埴輪
    - 円筒埴輪類〔円筒埴輪、朝顔形埴輪（土器と円筒埴輪が結合したもの）〕
    - 壺形埴輪類〔いわゆる底部穿孔壺、壺形埴輪〕
  - 形象埴輪
    - 建物埴輪類〔家形埴輪、囲形埴輪など〕
    - 器財埴輪類〔盾形埴輪、蓋形埴輪、靫形埴輪など〕
    - 人物埴輪類〔女子埴輪など〕
    - 動物埴輪類〔鶏形埴輪、水鳥形埴輪、馬形埴輪など〕

図５　埴輪の器種分類

円筒埴輪にあるということです。あとから付け加えられたほかの種類の埴輪は、配置場所もそうですが、それにこめられた意味や機能も円筒埴輪の存在を否定するようなことはなかったはずです。円筒埴輪と同義であるか、整合性のとれる範囲で意味や機能が付加されたのだと考えます。

形象埴輪はさまざまな形状をしていますが、実はその製作方法をみると基本的には円筒埴輪の作り方を応用したもので、細い粘土の紐を積み上げることで造形しています。馬形埴輪の四本の脚は小型の円筒埴輪とほぼ同じですし、盾形埴輪は盾面を円筒埴輪に付加することで造形されています。また、円筒埴輪にみられる透孔も、形象埴輪では不要な気がしますが、形象埴輪にも基本的に透孔は穿たれています。内と外を区分するとともに結びつける「通路」として両義性を担保するために必要不可欠な孔だったのでしょう。

したがって、形象埴輪も基本的には円筒埴輪が単体でもつ飲食物供献や、集合体の列としての両義性を伴う境界といった意味や機能を多少なりとももちつつ、それに加わる新たな役割が期待されたのだと考えます。では、それは何だったのでしょうか。

形象埴輪の意味や、群像として何を表現したものであるのか、といったことについては、多くの先行研究があります。こうした形象埴輪の意味に関する諸説については、一〇類型にまとめることができます（日高二〇二二）。具体的には、①首長権（霊）継承儀礼、②殯・殯宮儀礼、③葬列、④供養・墓前祭祀、⑤他界における王権祭儀、⑥古墳の被葬者に服属して奉仕にあたる近侍集団、⑦殉死の代用から来世生活、⑧集落や居館での祭祀・墓前祭祀・生前の儀礼、⑨生前顕彰・生前生活、⑩神宴儀礼（神祭り）、になります。

すでにふれたように、埴輪の本義は円筒埴輪にあると考えるので、これらの説のなかで、円筒埴輪の意味や機能を保ちつつ、それに付加できる役割をもった説として考えられるものが形象埴輪の意味として適当だといえます。それに該当するのは、④や⑩になるでしょう。④と⑩の違いは、ややわかりづらいですが、古墳時代に「神」という認識が存在していたのか、というところも焦点となりそうです。追ってふれますが、祖先観といったものは、古墳時代の後期になってから形成され始めると考えるので、被葬者と神を結びつけるような思考も、古墳時代には基本的に未発達だったと考えます。

そのように考えると、形象埴輪の意味としては、死者の供養を目的とした墓前祭祀といった性格が強いのではないかと思います。

よく埴輪群像のなかに被葬者を表現した人物埴輪は存在するのか、ということが問題とされますが、このように考えられるとすれば、被葬者が表現されたか否かは重要なことではないと考えます。表現されたこともあれば、されなかったこともあるのではないでしょうか。

埴輪をたてる

すでにふれたように、日本書紀には「…土物《はに(もの)》を…陵墓《みささぎ》に樹《た》て…」という記載がありますが、埴輪は古墳へどのようにたてられていたのでしょうか。

初現期をのぞけば、円筒埴輪は古墳時代をつうじてその一部を古墳に埋めること、すなわち古墳を構築する盛土でその一部を埋めることを基本としていたようです。また、円筒埴輪の外側だけでなく、内側にもわざわざ外側と同じ高さまで土を入れていました。

【円筒埴輪の外側】

掘方なし	A類	埋めない	A－1類
		わずかに埋める	A－2類
		埋める	A－3類
掘方あり	B類	壺掘り	B－1類
		布掘り	B－2類

【円筒埴輪の内側】

埋めない	Ⅰ類		
埋める	Ⅱ類	外側と同じ土質	Ⅱ－1類
		外側と異なる土質	Ⅱ－2類

図6　円筒埴輪の設置方法の分類

円筒埴輪や朝顔形埴輪は、埴輪列といって墳丘や堤の平坦面の端に列をなして配置されましたが、その際にはその外側を、①埋めない（図6の円筒埴輪の設置方法A―1類）、②掘るのではなく、盛土をおこなっている途中で埴輪を設置し、さらに盛土をほどこすことで埋める（わずかに埋める：A―2類、第1条突帯以上埋める：A―3類）といった方法や、③設置する埴輪の周囲だけを個別に掘る「壺掘《つぼほ》り」（B―1類）、④設置する位置を溝状に掘る「布掘《ぬのぼ》り」（B―2類）、といった方法があり、その方法によってある程度の時期がわかります（図8）。

また、円筒埴輪や朝顔形埴輪の内側にも基本的には土が入れられており、時には意図的に土器が入れられていたり、赤い色の土が使用されていたりしました。円筒埴輪は弥生時代にみられた飲食物供献のための土器に起源があるとしましたが、円筒埴輪や朝顔形埴輪の内側に土を入れる所作は、飲食物を供献するという行為を想起させないでしょうか。埴輪のもつ飲食物供献という本義が意識されていたのだと思います。

さらに赤い土を意図的に使用するということは、古墳の埋葬施設に赤色顔料が塗布されていることにもつうじる行為ではないでしょうか。赤は血液や生命の象徴といえます。また、赤色顔料の塗布された埋葬施設が子宮であり、再生の象徴であるとする古墳の見方とも通底します。ただたてるだけでもいいようなものですが、その一部をわざわざ古墳に埋めることを必須としているかのような埴輪の設置方法は、埴輪を古墳と一体のものとしてみる必要もあるということを示しているのでしょう。

そのように考えると、古墳を壺の象徴としてとらえる見方も、埴輪と壺の親縁性を鑑みれば、荒唐無稽ではないように思えます。

巨大な倭王墓などの古墳は、被葬者の生前からその築造が開始されていた可能性がありますが、古墳が完成する直前に設置される埴輪は、基本的に作り置きなどはされておらず、それぞれの古墳のためにその都度生産されていたと考えられます。

円筒埴輪を古墳に設置する際、基本的にその一部を古墳に埋めていたということを紹介しましたが、埴輪列としてみると、その上端の高さを見栄えよく揃えることは、古墳時代にも意識されていたようです。円筒埴輪を設置する際には、周囲を掘るか、盛土をおこないながら設置するかのどちらかであり、土の量を調整することで設置完了時の埴輪の高さを調整していると思いがちです。しかし、実際には円筒埴輪の底部を意図的に割ってその背を低くすることで高さを調整している例がしばしばみられます。

素人考えでは、埴輪をたたいて割ろうと思っても、思ったように割れをコントロールできないと思ってしまいます。しかし、そのような考えは先入観であることを、二〇二一年に実施された大山《だいせん》古墳の調査の際に学びました。

大山古墳は大阪府堺市に所在する日本列島で最大の規模をほこる前方後円墳です。この大山古墳第一堤の二回目の調査を、所在自治体である堺市の協力も得ながら二〇二一年に実施

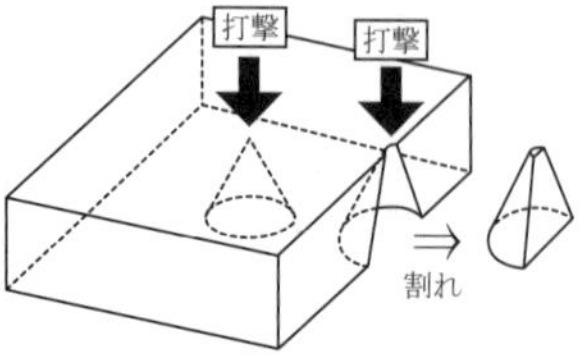

図７　割れ円錐の原理

したのですが、その際に堺市の担当職員として参加したのが相馬勇介さんでした。相馬さんは学生時代に弥生時代の方形周溝墓《ほうけいしゅうこうぼ》から出土する供献土器の穿孔・打ち欠き・破砕といった変形行為に関する研究をしており、穿孔を実際におこなう実験もしていたそうです。相馬さんによれば、「割れ円錐の原理」（図７）さえわかっていれば、打撃による割れはコントロールすることが可能だそうです。確かに、石器の製作実験などの結果を踏まえれば、そのような考えは妥当です。しかし、先入観として、「あの大きな埴輪をわざわざ割るのか」と考えてしまいがちなのも事実です。

大山古墳の第一堤では円筒埴輪列が確認されていますが、そのなかには底部打ち欠きといって、高さ調整をするためにわざと底部を割っていた円筒埴輪もありました。付近の盛土内から出土した埴輪片が、埴輪列の埴輪と接合した例もあります。現地で割りながら高さ調整をしていた光景が目に浮かびます。まさに「現場合わせ」で作業していたことがうかがえます。

普段は接する機会があまりない人と共同で調査する事によって、このような新たな気づきをもたらしてくれることがあります。大山古墳の調査は、そのことをあらためて認識させてくれました。

年代のものさし

埴輪は埋葬施設に被葬者とともにおさめられる副葬品とは異なり、古墳の外表に設置されます。したがって、発掘調査をしなくても古墳の上を歩いていると埴輪の破片を拾えることもあります。また、円筒埴輪は破片でもある程度はその製作時期を判断することができるので、その古墳の築造された時期を知ることができます。このようなことから、円筒埴輪は古墳の築造時期を知ることができる有効な手段の一つとしても研究が進んでいます（川西一九七八・七九など）。

私も古墳時代前期や中期の円筒埴輪を研究対象の一つとしてきたので、ここではその円筒埴輪も含めた埴輪総体としての年代観を図示しておきたいと思います（図8）。これは、通常、円筒埴輪編年のみを時期の指標として使用しがちであることに対して、円筒埴輪以外の

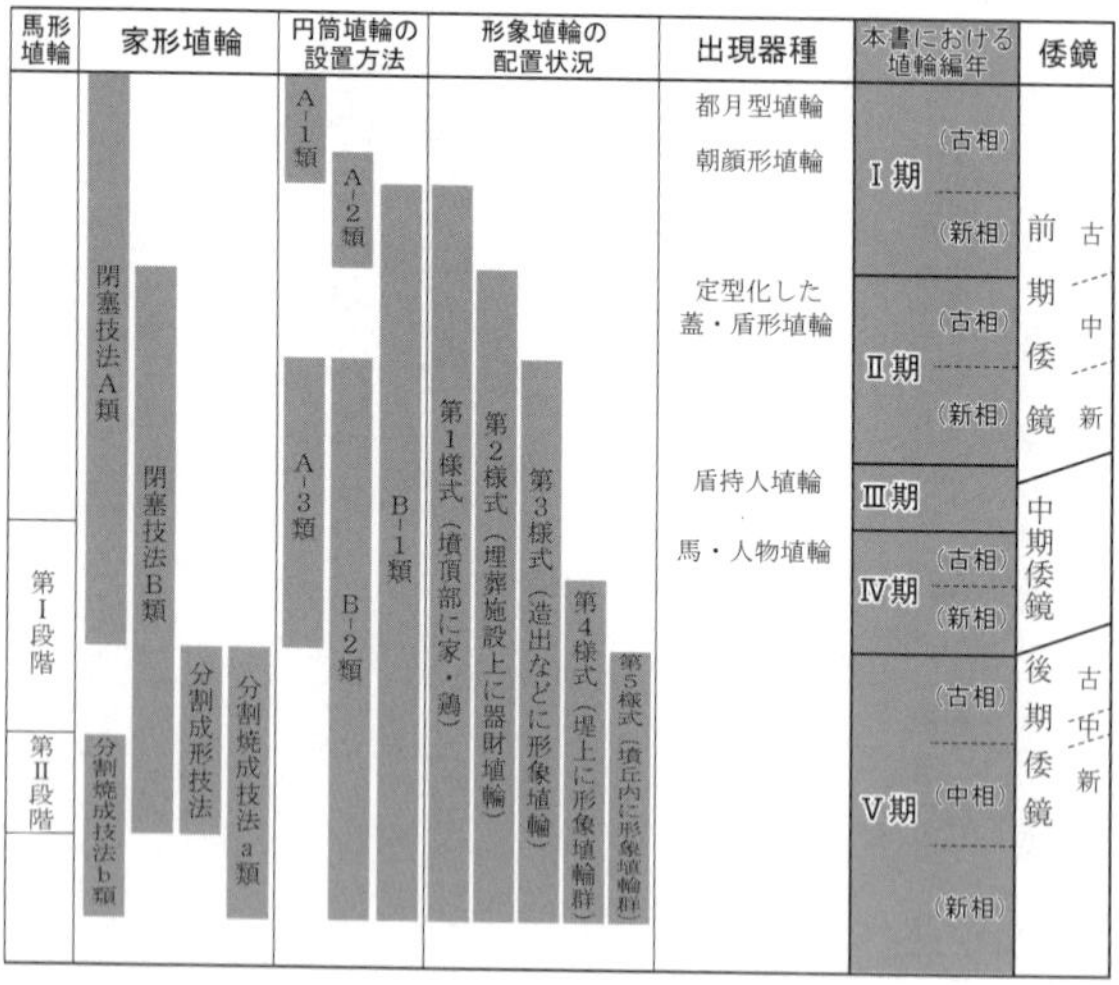

埴輪編年と年代観

種類や埴輪の設置方法なども加味している点で従来の埴輪編年とは異なるものです。

　本書では、図8で示した時期区分や年代観を使用しますので、適宜参照してください。ちなみに、考古学では土器も年代を知るものさしとして重宝されています。図8では参考までに、須《す》恵《え》器《き》といわれる種類の土器と埴輪編年の相対関係についても示しています。

　なお、「古墳の築造時期」といいますが、厳密にいうとそれがどの時点を指すのか、判定するための基準が変われば時期も異なります。たとえば、築

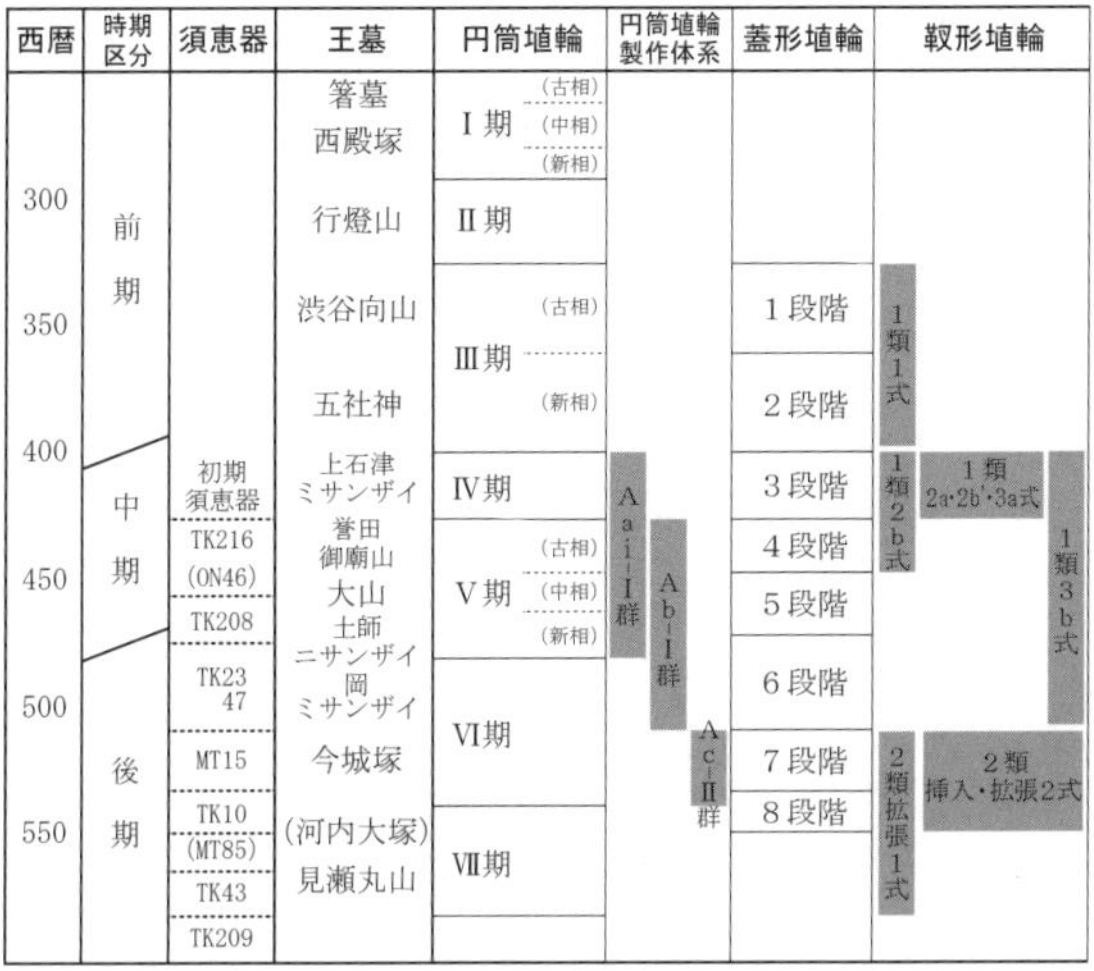

図８　本書における

造開始時とみるのか、あるいは埋葬完了時とみるのかで「古墳の築造時期」は変わってきます。本書では古墳の築造時期をその古墳における最初の埋葬が完了した段階（初葬完了段階）とみる立場で話を進めます。

そして、この初葬完了段階と埴輪の製作時期が時間的に近いと考えられることが、埴輪の年代観が古墳の築造時期決定に有効であるとされる理由でもあります。古墳の埋葬施設から出土する副葬品は倭王権などとの関係で授受されたものであることが多く、副葬されるまでの履歴には不明な点が残ります。それに対して埴輪は基本的に作り置きはされず、供給先の古墳が決まっている状態で生産されたと推測されます。したがって、いわゆる古墳の築造時期と埴輪の製作年代はほぼ一致すると考えられるわけです。

円筒埴輪の変遷——継続と断絶

ここでは古墳時代をつうじて円筒埴輪がどのように変遷するのかをみていきます。図8では本書における五段階の埴輪編年を提示しましたが、それを円筒埴輪にあてはめると図9のようになります。

埴輪は基本的に供給先である古墳の近くで生産されるので、地域的な特徴がしばしばみられますが、ここでは倭王権中枢地域の円筒埴輪をみていきます。

Ⅰ期とⅡ期は古墳時代前期に該当します。Ⅰ期の円筒埴輪には、その祖形である特殊器台の影響が残る傾向にあります。たとえば、口縁部が有段口縁だったり（図9の1・2）、透孔の形状が三角形や巴形だったり、器壁に紋様が線刻されたりします。このような古い特徴が残る一方で、鰭、普通口縁、円形透孔など後につながる新しい要素も発現します。Ⅱ期を特

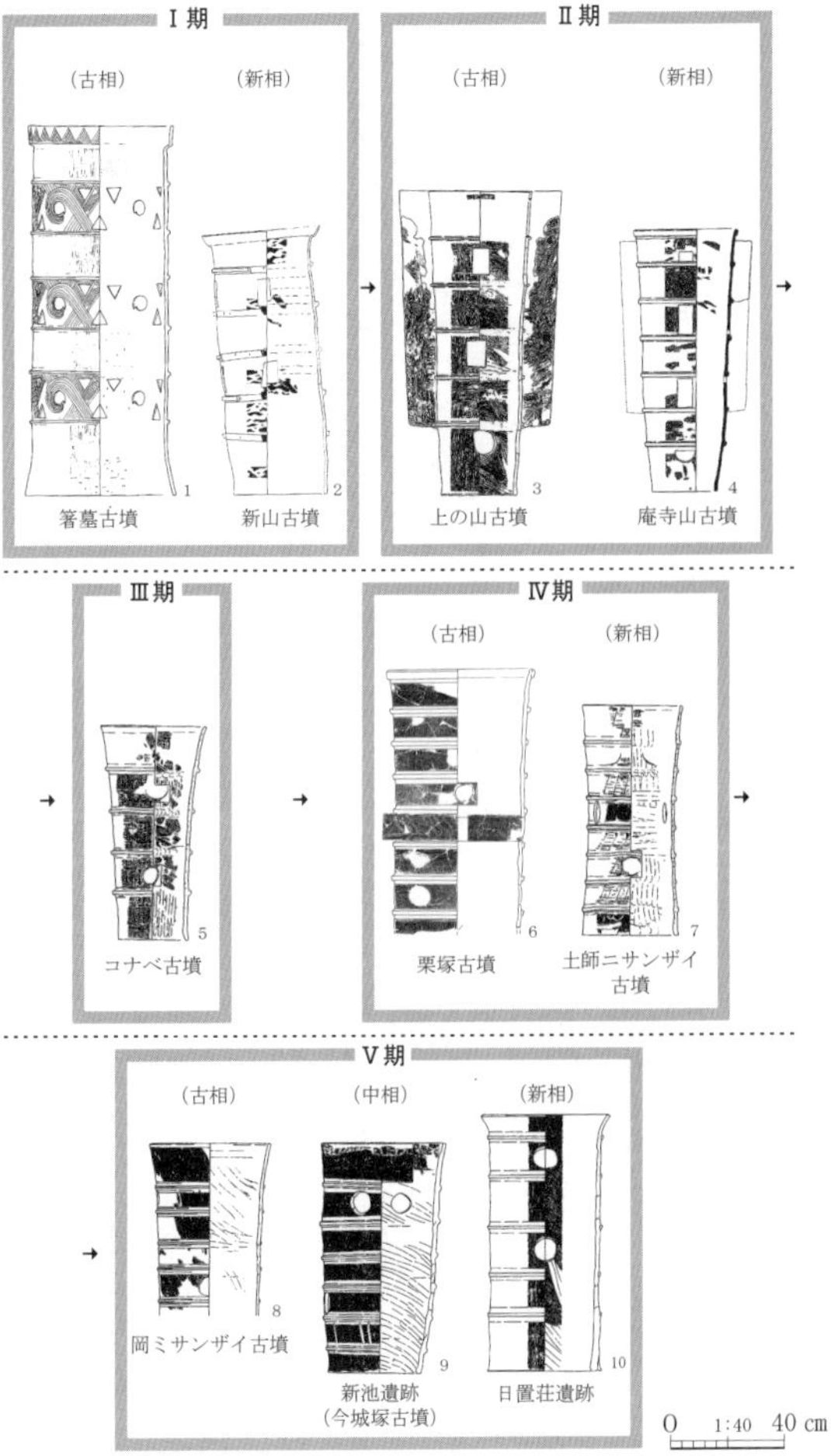

図９　本書における埴輪編年（円筒埴輪）

徴づけるのは、鰭をもった円筒埴輪である鰭付円筒埴輪です（図9の3・4）。この鰭は、すでにふれたように、列としての境界の機能を意識して付加されたものでしょう。鰭付円筒埴輪では、第一段の透孔が半円形で、それ以外の段は円形もしくは方形となり、一段あたりに二つ穿たれることが通常となります。また、Ⅱ期には有段口縁の形態を模倣した貼付口縁と呼ばれる口縁部形状も出現します（図9の4）。

Ⅲ期とⅣ期は古墳時代中期に該当します。Ⅲ期になると外面調整にB種ヨコハケがほどこされるようになります。Ⅳ期には、焼成方法が野焼きから窖窯《あながま》になります。野焼きとは、地表を少し掘り下げた場所で焚火のように焼成する方法で、窖窯とは須恵器生産に導入された朝鮮半島に由来する地下あるいは半地下の窯で焼成する方法です。

Ⅴ期は古墳時代後期に該当します。Ⅴ期になると、外面調整がタテハケのみになるものや、突帯設定を厳密におこなわないものが増加するようになります。

倭王権中枢域における円筒埴輪はこのように推移します。円筒埴輪は古墳時代をつうじて生産され続けた数少ない器物の一つであり、その変化はおおむね秩序だっています。古墳時代をつうじて前方後円墳が築造され続けたように、円筒埴輪も生産され続けました。その状況からは、古墳の築造や埴輪の生産に大きな政治的な変動があった様子はうかがえません。円筒埴輪の推移で唯一、大きな断絶といえそうなのは、Ⅴ期新相段階に位置づけられる日《ひ》置荘西町《きしょうにしまち》窯系の出現です。廣瀬覚氏は、日置荘西町窯系の円筒埴輪が形態だけでなく技術系譜においてもそれ以前のものと断絶があることを指摘しています（廣瀬二〇二一）。

復古的な特徴が示すもの

日置荘西町窯系の円筒埴輪の特徴は、製作技術的な断絶だけでなく、形態的にみても復古的な様子がみてとれることです。その外見は、線刻による紋様、鰭、短い口縁部をもつものがあるなど、Ⅰ期やⅡ期の円筒埴輪を模倣したようなものになっています（図9の10）。

実は、このⅤ期新相の日置荘西町窯系円筒埴輪のほかに、復古的な様相を示す時期があります。それはⅣ期古相段階です。この段階の倭王墓である大阪府羽曳野市に所在する誉田御《こんだご》廟《びょう》山《やま》古墳（前方後円墳：墳長約四二〇メートル）やその周辺では、円筒埴輪の起源である特殊器台からみられる有段口縁を形態的に模倣した貼付口縁をもつ円筒埴輪や、有段口縁の二次口縁を省略した形態である短い口縁部（極狭口縁）をもつ円筒埴輪がみられるようになり

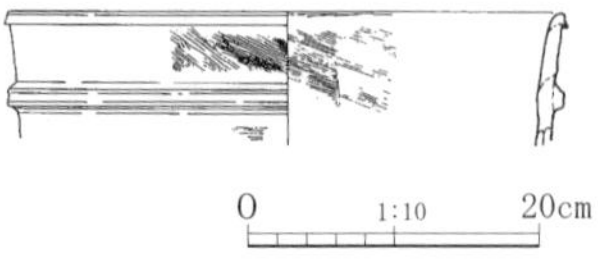

図10　誉田御廟山古墳周辺の極狭口縁をもつ円筒埴輪

ます（図10）。

Ⅳ期古相段階の極狭口縁をもつ円筒埴輪は、誉田御廟山古墳が帰属する古市《ふるいち》古墳群だけでなく、同時期の百舌鳥《もず》古墳群、佐紀《さき》古墳群、馬見《うまみ》古墳群など大阪府や奈良県の大型古墳群などでもみられますが、その淵源は古市古墳群にあるようです。極狭口縁だけでなく、三角形の透孔や鰭といった復古的要素も加わった特徴的な円筒埴輪が佐紀古墳群のウワナベ古墳を中心にみられることから、「ウワナベ系列」と呼称されていますが（田中智二〇〇八）、このウワナベ系列の円筒埴輪（図11）は倭王権中枢のもの（王陵系埴輪）とは異なる在地の系統と理解します（加藤二〇一三）。

このようにⅤ期新相の日置荘西町窯系の円筒埴輪だけでなく、Ⅳ期古相段階でも復古的な形態が採用されていますが、埴輪製作の技術については前段階からみられるものが継続的に使用されています。したがって、「見た目」だけをわざと古いものにしているわけです。なぜこのようなことがされたのか、その要因はよくわかりませんが、世情が不安定な際に復古的になりがちな現代の様相がヒントになるかもしれないと考えます。

なお、埴輪以外でも復古的な様相を示す器物は色々と存在するようですが、その時期が一致するのかなど、検討すべき課題が多く存在します。古墳時代にみられる復古的要素についての研究は、まだ緒についたばかりで、これから多くの成果をあげることとなりそうです。

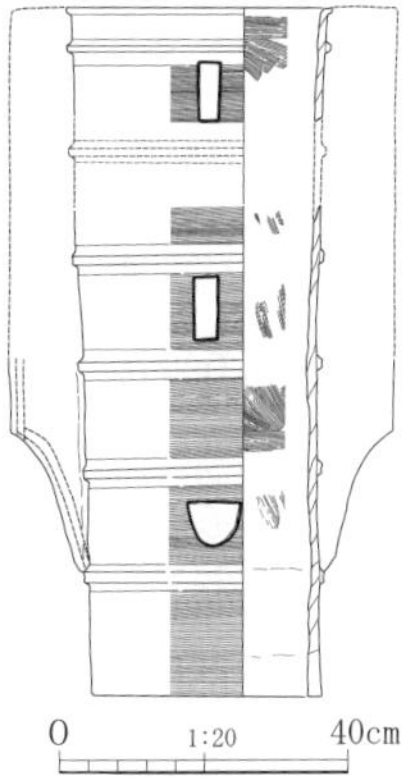

図 11
ウワナベ古墳の円筒埴輪

円筒埴輪の口縁部

すでにふれたように円筒埴輪は古墳時代をつうじてみられる普遍的な埴輪で、形態的な変化にも乏しいです。そうしたなかで私が注目しているのは、口縁部といわれる一番上の部分です。円筒埴輪の口縁部には、その起源である特殊器台にみられる有段口縁、その見た目だけを模倣した貼付口縁、有段口縁の二次口縁を省略した形態である短い口縁部（極狭口縁）といったいくつかの種類がみられます。時期がくだるにつれて、起源となった器台の影響をうかがわせる口縁部形状は少なくなっていきますが、右でふれたように復古した際に回帰するのは古い特徴を示す口縁部の形状です。

このように口縁部の形状が古いものを志向することには理由があるはずです。円筒埴輪の起源が器台にあることを考えると、口縁部が円筒埴輪の機能を果たす重要な部位だからではないでしょうか。

実際の機能上の役割は、供献する飲食物を載せることにありますが、実際にはそのうえに飲食物が載せられないまま、大量の円筒埴輪が列状に配置されました。このように実際には載せていないけれども、その不在となっているモノを想起させることで、その本来の意味である飲食物供献という役割をより強調することにつながっているように思えます。

倭王権の不安定な様相

すでにふれたように、円筒埴輪は古墳時代をつうじて継続的に生産された器物です。しかし、その特徴を詳細にみていくと、ただ継続しているわけではなく、不安定な様相もうかがうことができます。以下では、そうした点にふれたいと思います。

Ⅲ期・Ⅳ期は古墳時代中期に位置づけられますが、この時期は倭の五王が中国の宋王朝に朝貢をおこなっており、倭王権が安定しつつ発展をとげた段階であったとする評価が一般的です。ここではこの時期の倭王墓（あるいはそれに準じる階層の古墳）とその周辺に築造された陪冢《ばいちょう》と呼ばれる従属墳における円筒埴輪をみていきたいと思います。

まず、Ⅳ期古相段階の倭王墓である誉田御廟山古墳（前方後円墳：墳長約四二〇メートル）とその陪冢である栗塚古墳（方墳：一辺四三メートル）、アリ山古墳（方墳：一辺四五メートル）の円筒埴輪をみてみましょう（図12、13）。図13によれば、誉田御廟山古墳の円筒埴輪には貼付口縁（図13の1）と極狭口縁（図13の2）の二種の口縁部形状をもつものがあることがわかります。また、陪冢である栗塚古墳では貼付口縁、アリ山古墳には極狭口縁の円筒埴輪がそれぞれ一種だけみられるようです。これらのことから、この段

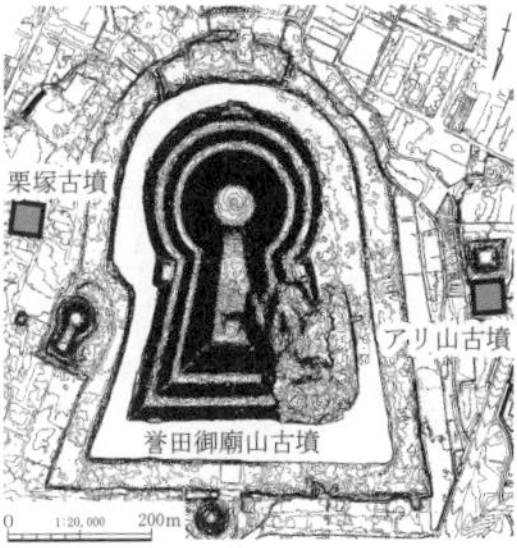

図12
誉田御廟山古墳と陪冢

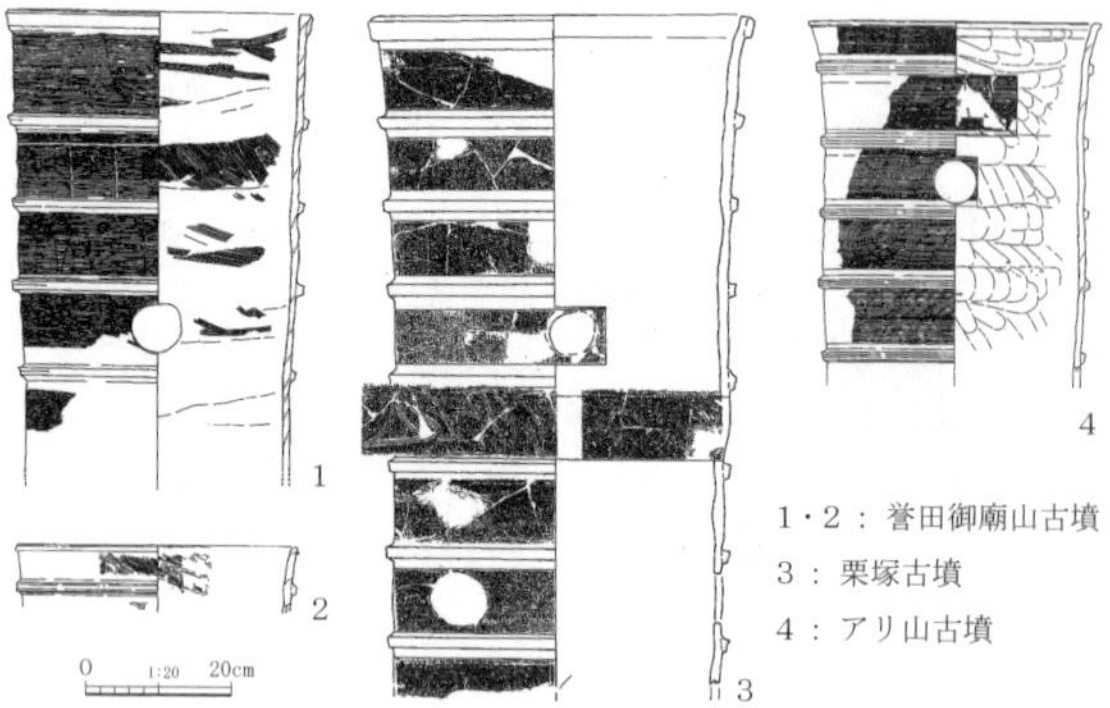

図13　誉田御廟山古墳と陪冢の円筒埴輪

階では主墳と陪冢で同種の円筒埴輪が使用され、その段構成や直径にも差異がみられないことを指摘できます。なお、同様のことは同時期の大型墳である京都府城陽市の久津川《くつかわ》車塚《くるまづか》古墳（前方後円墳：墳長約一九〇メートル）周辺や、奈良県奈良市のウワナベ古墳（前方後円墳：墳長約二六五メートル）周辺でも確認されています。

誉田御廟山古墳の前段階であるⅢ期における倭王墓（上石津《かみいしづ》ミサンザイ古墳）の様相は判明していませんが、同時期の大型墳である宮崎県西都市の女狭穂塚《めさほづか》古墳（前方後円墳：墳長約一八〇メートル）周辺、群馬県藤岡市の白石稲荷山《しろいしいなりやま》古墳（前方後円墳：墳長約一五五メートル）周辺の様相が参考になります（図14、15）。

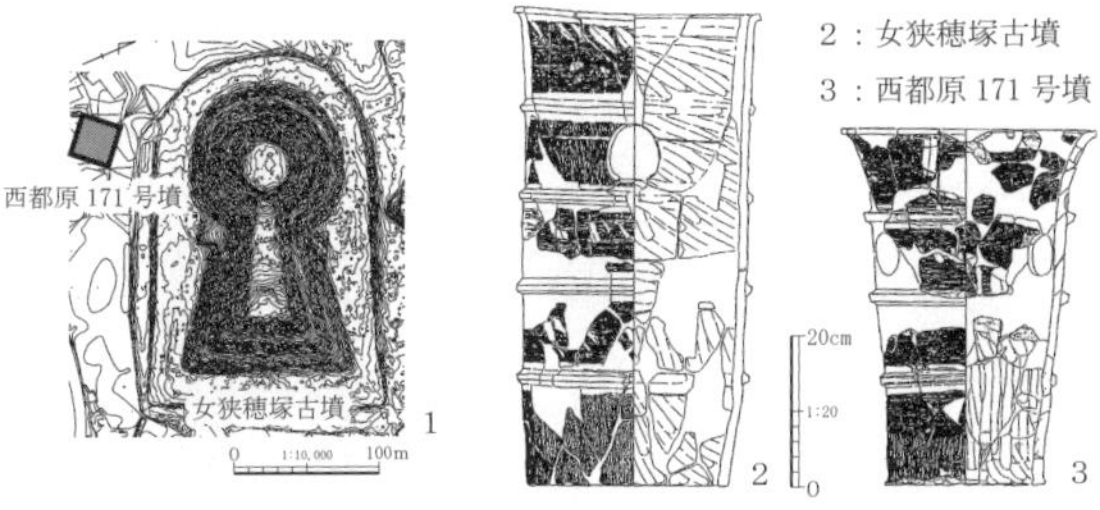

図 14　女狭穂塚古墳と陪冢およびその円筒埴輪

それによれば、Ⅲ期における主墳と陪冢の円筒埴輪は段構成に多寡があり、陪冢に対して主墳の段数が多く、器高が高くなるようです。なお、白石稲荷山古墳と十二天塚古墳については、早稲田大学がレーダー探査をおこなっており、その結果、図15とは異なる墳形となるようです。そのことは、その後に実施された藤岡市による発掘調査でも追認されています。

次に、誉田御廟山古墳の次の王墓である大阪府堺市の大山古墳（前方後円墳：墳長約五二五メートル）とその陪冢である収塚《おさめづか》古墳（帆立貝形前方後円墳：墳長約五七メートル）、孫大夫山《まごだゆうやま》古墳（帆立貝形前方後円墳：墳長約六五メートル）における円筒埴輪をみてみましょう（図16）。

それによれば、主墳である大山古墳では基本的に多段で大型の円筒埴輪が使用されているのに対して、陪冢では主

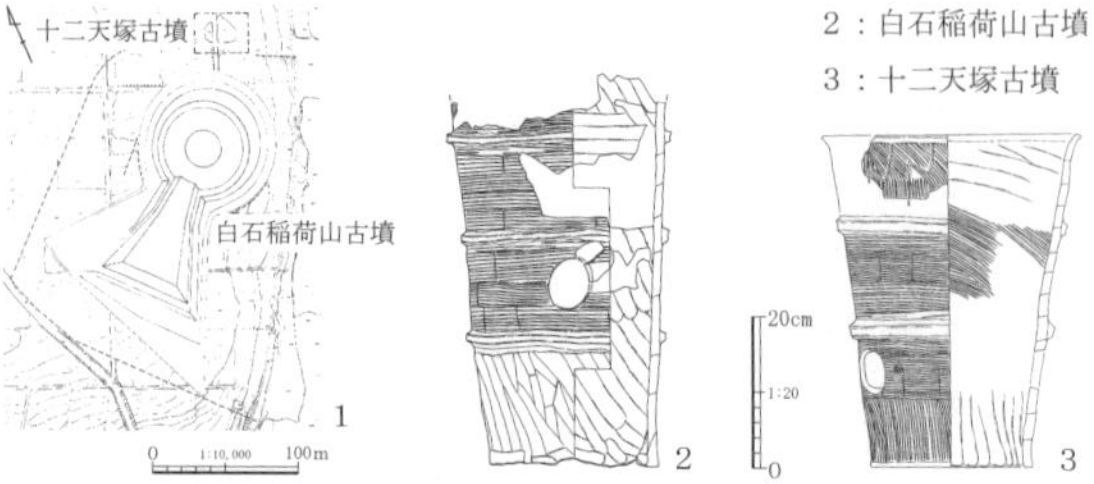

図 15　白石稲荷山古墳と陪冢およびその円筒埴輪

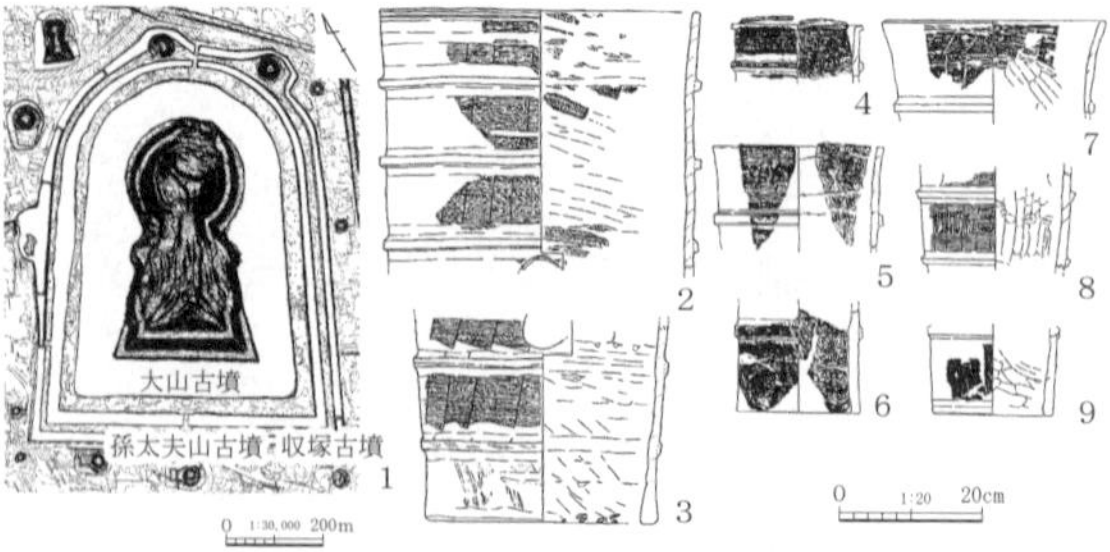

図 16　大山古墳と陪冢およびその円筒埴輪

墳よりも直径や段構成が小さくなっていることがわかります。同様のことは同時期の大型墳である大阪府茨木市の太田《おおだ》茶臼山《ちゃうすやま》古墳（前方後円墳：墳長約二二六メートル）でも確認できます。

これらのことをまとめると（図17）、古墳時代中期の主墳と陪冢における円筒埴

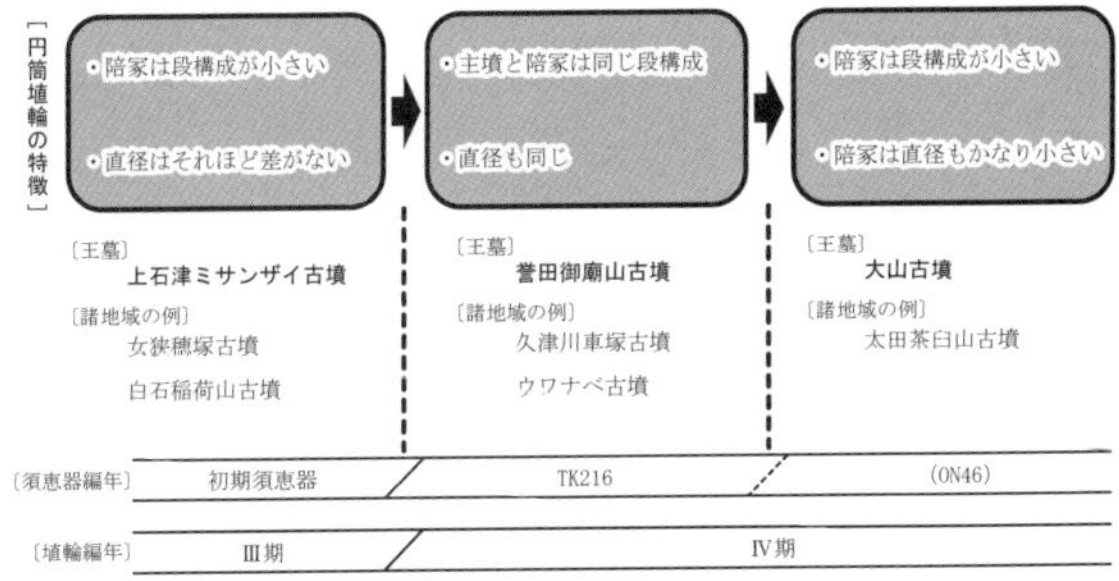

図 17　主墳と陪冢における円筒埴輪の規格の推移

輪の直径と段構成は、倭王の代替わりごとにその基準が変化しており、発展的・安定的と呼べるようなものではなく、不安定だったことがうかがえます。そして、その様子は列島規模で確認できます。

このように、墳丘の規模・形状と円筒埴輪の段構成を複合化した古墳の外表施設による階層の明示は、時系列をたどって発展的・安定的に変遷していくわけではないようです。このことは、当該期における倭王墓の設計原理を考察した新納泉《にいろいずみ》氏が、長さの基本単位が古墳ごとに異なっていることを指摘していることからも裏づけられます（新納二〇一八）。

また、当時の倭王権の不安定な様相は中国の歴史書である『宋書』の記載からもうかがえます。具体的にいうと、『宋書』において倭の五王の珍と済のあいだに続柄の記載がなく、これを二つの王家が存在していたとみる意見（藤間一九六八など）や王家が存在したわけではなく大王は有力豪族のなかから共立されただけとみる意見（篠川二〇〇二）があるからです。

これらを踏まえると、倭王の代替わりとともに古墳に顕示される秩序の刷新や方針の転換があったものと推測され、当時の倭王権の不安定な様相が埴輪に反映されているようです。倭王への権力が集中し、巨大な墳丘をもつ古墳が築造されるようになったと一般的に考えられている古墳時代中期ですが、円筒埴輪の分析からはそれとは逆の不安定な様相がうかがえます。

第三章　倭鏡

研究するには敷居の高かった鏡

鏡は古墳時代において貴重な器物でした。というのも、原材料である銅を入手するには海外に頼らなければならなかったからです。ただ、古墳出土鏡は現代においても古墳時代と同等あるいはそれ以上の貴重品として扱われているように感じます（森一九七八など）。いまはどうなのかわかりませんが、もし私が大学生の時に卒業論文のテーマとして鏡を選ぼうとしたならば、絶対に「やめておけ」と指導されたことでしょう。貴重な遺物なので経験の浅い大学生は実物をなかなか調査させてもらえないことや、重厚な研究史があるので成果をあげにくいからです。そういうわけで、私よりも上の世代の人たちにとって鏡は研究対象として手を出しにくい「敷居の高い」遺物でした。

重厚な研究史という点では、緻密な鏡研究を基礎として古墳時代の政治史を追求した小《こ》林《ばやし》行雄《ゆきお》氏（京都大学名誉教授、日本学士院恩賜賞受賞、一九一一〜一九八九年）の存在があまりにも大きかったといえます。小林氏の没後も鏡研究の多くは、小林氏が所属した京都大学にゆかりのある人たちを中心に推進されてきました。

しかし、現在は私より下の世代も含めて多くの研究者が鏡を研究対象とするようになってきています。その要因の一つとして、三次元計測によるデータの公表があげられます。多くの鏡のデータが提示されたこともあって、資料が充実して研究の裾野が広がったといえます。三次元計測は非接触なので、計測時に資料にダメージをあたえる恐れがないことも利点です。また、通常、三次元計測のデータは公表される際にモノクロ画像で提示されるため、カラーの情報が排除されて、複数の資料を同じ基準で比較できるというのもこれまでになかった点といえます。

ただし、私のように鏡の断面形状を研究の一つの手がかりとしている研究者にとっては、いくら三次元計測によるデータの公表が進んでも隔靴掻痒の感はぬぐえません。なぜなら、三次元計測では錆や付着物も正確に計測されてしまい、鏡本来の外形線がわからないということが往々にしてあるからです。ですから、鏡の実物を観察し、自分の手で実測図を作成することで気づくことができる世界もきっとあるのではないかと考えています。しかし、そうした三次元計測の欠点も科学技術の進歩ですぐに克服されてしまう気もします。

また、鏡を研究対象としやすくなったもう一つの要因として、下垣仁志《しもがきひとし》氏による丹念で堅実な集成作業がなされたことによって、質の高い基礎的な情報が整備されたことも大きいと思います（下垣二〇一六）。私が大学生の頃よりもはるかに鏡研究に着手しやすい環境がそろってきているといえます。

鏡を研究することになるまで

こうした状況のなかで私も鏡研究に足を踏み入れたわけですが、そのきっかけは偶然でした。私は学生時代から鏡研究をおこなっていたわけではありません。といっても、鏡研究をしている先輩方が身近にいたので、その人たちにお供させていただいて鏡を見たりさわったりする機会はありました。そういう意味では鏡研究に対して「敷居の高さ」を感じることはなかったといえるかもしれません。

そんな私が鏡研究をおこなうようになったのは、現在の職場である宮内庁書陵部に就職してからのことです。別件で職場の所蔵品リストをみていたところ、これまで聞いたことのなかった出土地（滋賀県長浜市の垣籠《かいごめ》古墳）から鏡を含む複数の遺物が出土しており、それらを所蔵していることに気づきました。しかし、そのような遺物は探しても見当たりません。

宮内庁書陵部では存在を確認できませんでしたが、もう一つ保管されている可能性のある場所に思いいたりました。それは東京国立博物館です。というのも、東京国立博物館は古くは東京帝室博物館と呼称されており、宮内省の一部局であった時期もあるからです。

このことに気づいた頃、たまたま東京国立博物館でも出所不明の遺物の点検をおこなっていたようで、私が職場の所蔵品リストでその存在に気がついた垣籠古墳の鏡が、東京国立博物館で再発見されることとなったわけです。私の職場にはリストのほかに、かつて撮影された写真が残っていたことから、実物と照合して垣籠古墳から出土した鏡であることを確定することができました。

そして、その鏡について調べる必要が出てきたことから、私は鏡研究に足を踏み入れることになったわけです。

鏡のどこに注目して研究しているのか

鏡は、光を反射させたり、姿見として利用したりすることが本来的な機能であることに異論はないと思います。したがって、機能としては反射面である鏡面《きょうめん》部分が重要です。しかし、古墳時代の鏡研究では鏡背《きょうはい》に鋳出された紋様に着目することで研究がなされてきました

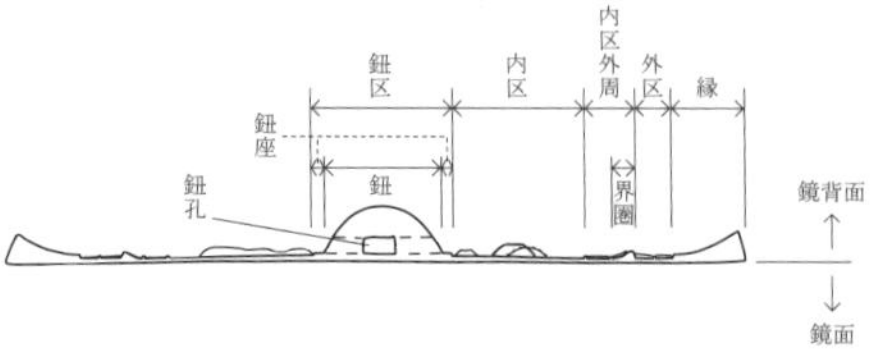

図 18　鏡の各部名称

（図18）。内区《ないく》と呼ばれる区画にみられる主紋様（主像）の種類によって系列と呼ばれるまとまりが抽出されており、各系列で精緻な分析がなされています。

これまで倭鏡《わきょう》研究は前期倭鏡に偏重していましたが、近年は中期倭鏡や後期倭鏡の研究も進んできており、中国鏡も含めた古墳時代の総合的な鏡研究がおこなわれるようになっています（辻田二〇一九、下垣二〇二二A）。また、鏡は主紋様（主像）によって系列がわけられているように、紋様が主な研究対象でしたが、断面形状といった要素も含めて総合的に検討されるようになっています。

倭鏡とは何か

すでにこの言葉を使ってしまいましたが、倭鏡《わきょう》とは古墳時代の日本列島（倭《わ》と呼ばれた領域）で生産された青銅（銅と錫《すず》や鉛《なまり》の合金）からなる鋳造された鏡のことです。倭製鏡《わせいきょう》や仿製鏡《ぼうせいきょう》と呼ばれることもあります。

この倭鏡は、約三五〇年続いた古墳時代のなかの多くの期間、生産され続けました。その変遷には特徴があり、「模倣」、「継承」、「復古」をキーワードとして読み解くことができると考えています。端的にいうと、古墳時代前期の倭鏡（前期倭鏡）の多くは中国鏡を直接的に模倣したものか、そこから派生したものであり、古墳時代後期の倭鏡（後期倭鏡）は同型鏡群（中国鏡）の流入を契機として生産が開始されており、前期倭鏡と後期倭鏡のどちらも中国鏡の影響を受けています。その一方で、古墳時代中期の倭鏡（中期倭鏡）はそうした外的要因を直接的に受けなかったことが特徴といえます。

すでに示したように倭鏡の変遷は、前期倭鏡、中期倭鏡、後期倭鏡の三段階に区分できます。このことは森下章司氏によってあきらかにされています（森下一九九一）。具体的にいうと、前期倭鏡は卑弥呼の鏡といわれることも多い三角縁神獣鏡《さんかくぶちしんじゅうきょう》に代表されるような中国鏡の流入の影響を受けて多彩な系列が創出された段階、中期倭鏡は系列が減少して生産量が縮小した段階、後期倭鏡は中国の宋王朝への朝貢によってもたらされたいわゆる同型鏡群の流入の影響によってふたたび生産が活発化して新たな系列が創出された段階です。

簡単に古墳時代の区分と鏡の様相をまとめれば次のようになります。

古墳時代前期…中国鏡（魏晋鏡）、前期倭鏡
古墳時代中期…中期倭鏡
古墳時代後期…中国鏡（同型鏡群）、後期倭鏡

倭鏡はその面径によって、大型・中型・小型の三種に区分して呼称することがあります。私は前期倭鏡、中期倭鏡、後期倭鏡のそれぞれで大中小の区分を設定しています。具体的には以下のとおりです。

前期倭鏡では、二〇センチ超を大型、二〇～一四センチを中型、一四センチ未満を小型とします。中期倭鏡では、一五センチ超を大型、一五～一一センチを中型、一一センチ未満を小型とします。後期倭鏡では、一五センチ超を大型、一五～一〇センチを中型、一〇センチ未満を小型とします。

倭鏡ではこのように多様な面径を意図的に作りわけられていたことが推測されます。とくに前期倭鏡段階では授受される鏡の面径の大小や数量の多寡によって倭王権による序列の明示化がなされていました。これはあくまで倭王権中枢からの各地域の集団に対する格差付け

です。しかし、各地域の集団はこれを無視することなく、自集団内での序列化や同一性の維持のために積極的に鏡を利用し、結果的に倭王権中枢からの評価を受け入れ、鏡の授受が反復されることで、その格差付けが強化・固定化されることになりました（下垣二〇二二A）。このようなことから古墳時代の鏡は非常に政治的な器物として現代の研究でも重要視されているわけです。

なお、このような鏡の授受方式は中期倭鏡段階になると生産量の低下とともに目立たなくなりますが、後期倭鏡段階になるとふたたび隆盛します。このように後期倭鏡段階になると前期倭鏡段階のような授受方式が復古的に採用されるとともに、鏡じたいに鋳出される紋様にも復古的な要素がみられるようになります。ただし、後期倭鏡段階の授受方式では数量の多寡が重視されなかったという点で前期倭鏡段階とは異なるようです。

鏡から甲冑《かっちゅう》へ

倭鏡の出土量を段階ごとにみると、前期倭鏡が一〇〇〇面を優に超えます。前期倭鏡段階は中国鏡の数も多いので、古墳時代のなかでは前期の鏡の出土量が圧倒的です。その後の倭

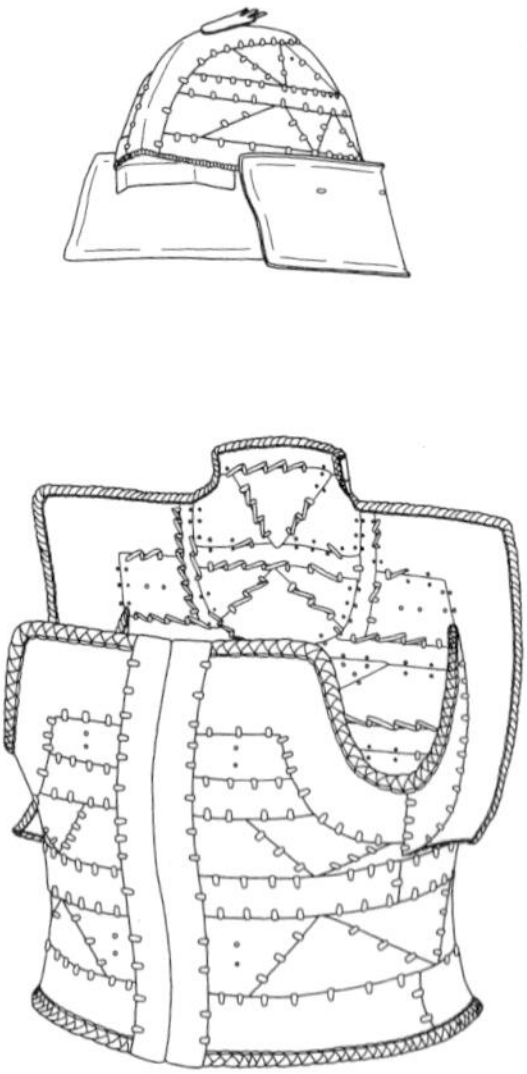

図19　帯金式甲冑の例

鏡出土量の推移をみると、中期倭鏡は約二〇〇面が確認されているのみで、その生産は衰微していくようです。しかし、その後の後期倭鏡は約五〇〇面が確認されています。さきほど、後期倭鏡段階になると前期倭鏡段階のような授受方式が復古的に採用されるようになることを指摘しましたが、こうした動きとも関連して倭鏡の生産量はふたたび増加します。

古墳時代中期になると、副葬品のなかで最上位層に位置づけられる副葬品が、鏡から帯金《おびがね》式《しき》の鉄製甲冑（図19）へ転換したという説明のなされることが一般的です。しかし、副葬品における主役の地位が銅鏡から甲冑へと交替したようにみえる要因には、中期倭鏡の生産量が前期倭鏡に比べて大幅に減少したことによって、甲冑の出土量が相対的に目立つようになっただけという背景があります。

帯金式甲冑の出土数は七〇〇組弱であるのに対して、前期古墳から出土した鏡は二〇〇〇面を優に超えています。このように出土数を比較してみると、鏡から甲冑へ移行したかのような説明は、単純化しすぎていてもう少し丁寧に説明する必要があることがわかります。

古墳時代中期において甲冑の出土量が鏡よりも多いことは事実で、その背景には倭王権中枢が諸地域の集団とのあいだで授受する器物のなかで重要視する品目に変更があったことは確かだといえます。最上位層に位置づけられる器物（ここでいう鏡や甲冑）の副葬量減少については、古墳時代前期をつうじた鏡の授受によって倭王権と諸地域とのあいだに信認関係の構築が進んだことが背景にあったのでしょう。そして、鏡から甲冑への変化は、宗教的な宝器の象徴といえる器物（鏡）の授受から軍事編成の象徴といえる器物（甲冑）の授受への変化を意味しており、精神的紐帯の形成から「支配―奉仕」関係を重視する社会への変容がみてとれます。

鏡から甲冑へという古墳時代前期から中期への変化は、単に副葬品における主役の座が交替したというわけではなく、副葬品にもとめられる役割が変化したことが背景にあったのだといえるでしょう。

前期倭鏡――断絶のない生産

倭鏡製作の技術的な淵源が弥生時代の青銅器にもとめられるのか否かについて、研究者の意見は一致していませんが、両者のあいだに一線を画する意見が有力です。古墳時代における倭鏡の成立過程は以前に比べれば解明されつつありますが、まだ不明な点もあります。

倭鏡には錫の比率の高い青銅が主に使用されていること、鋳型は真土《まね》型で細かい文様表現を上手に鋳出していること、仕上げの研磨がきわめて細かいことなどがわかっており、新しい技術の登場を示しています（森下二〇一二）。ただし、倭鏡の製作開始期には弥生時代的な図像が採用され、生産が本格化するとそうした図像はみられなくなることも指摘されています（下垣二〇一一A）。

前期倭鏡の生産は、古墳時代の開始からわずかに遅れて始まったと考えられます。そのこともあってか、倭鏡の生産が開始された要因として三角縁神獣鏡の枯渇を指摘する説もあります。しかし、三角縁神獣鏡は紋様と面径が画一的で、三角縁神獣鏡を含む魏晋鏡を模倣したと思われる倭鏡がほとんど存在しないので、三角縁神獣鏡などが枯渇してそれらを補完する代替手段として倭鏡の生産が始まったとは思えません。

さきほどもふれたように、古墳時代前期には鏡の面径や数量による諸地域の集団に対する格差付けを意図した授受が倭王権によってなされていましたが、三角縁神獣鏡は紋様も面径も画一的でそれを実行するには不適当です。倭王権中枢が意図した鏡の授受を三角縁神獣鏡などとともにきめ細やかに遂行するために、多彩な系列と面径をもつ倭鏡が戦略的に創出されたと考えます。

前期倭鏡の生産は古段階、中段階、新段階という三段階に大別できますが、以下ではその詳細について説明します。

古段階に製作されたものには連弧紋鏡《れんこもんきょう》（内行花文鏡《ないこうかもんきょう》と呼ばれることもあります）や方格規矩鏡《ほうかくきくきょう》といった平彫《ひらぼ》りや線彫《せんぼ》りの中国鏡を模倣したもの、半肉彫《はんにくぼ》りの画紋帯環状乳神獣鏡《がもんたいかんじょうにゅうしんじゅうきょう》と呼ばれる中国鏡を模倣した鼉龍鏡《だりゅうきょう》などが主要な系列として存在します（図20〜22）。この段階の前期倭鏡は中国鏡を模倣しようとする意識が強いようですが、紋様の意味までは理解できていなかったようです。この段階はおおむね古墳時代前期前葉（本書の埴輪編年Ⅰ期、三世

柳本大塚古墳

図 20　連弧紋鏡

新山古墳

図 21　方格規矩鏡

新山古墳

図 22　鼉龍鏡系

紀中頃～四世紀前葉）に該当します。

中段階になると、古段階にみられた系列が継承されつつ、対置式神獣鏡系に代表される新たな系列が出現します（図23）。このような新たな系列は古段階に成立していた鼉龍鏡のもつ要素を継承しつつ、主に中国鏡である斜縁神獣鏡《しゃえんしんじゅうきょう》や三角縁神獣鏡などからの部分的な影響を読み取れる資料が多いようです。具体的にいうと、斜縁神獣鏡からの影響は断面形状や内区主像の一部などに、三角縁神獣鏡からの影響は内区主像の配置などにみてとれます。この段階になると、内区主像の割り付け原理がそれまでの四分割から六分割へと変化することが確認されています。

なお、中段階の前期倭鏡では三角縁神獣鏡を部分的に模倣した紋様がわずかにみられます（岩本二〇一〇）。三角縁神獣鏡はこの時期に倭王権と諸地域のあいだで授受された器物のなかで最重要なものであったにも関わらず、その紋様が倭鏡生産をつうじてほとんど模倣されなかったというのは、三角縁神獣鏡の配付主体であり、倭鏡の生産主体でもあった倭王権の意図が反映されていると考えられます。つまり、倭王権は三角縁神獣鏡そのものや模倣品の流通に関してかなり厳密にコントロールしていたことがうかがえます。

佐紀丸塚古墳
図23　対置式神獣鏡系

前期倭鏡中段階は古墳時代前期中頃（本書の埴輪編年Ⅱ期古相、四世紀中葉頃）に該当しますが、この段階の倭鏡に大きな影響をあたえた斜縁神獣鏡の製作時期は意見の一致をみていません。具体的には、二世紀末～三世紀初頭とする意見（車崎二〇〇二）、後漢滅亡後の三世紀

二ノ谷古墳

図24　分離式神獣鏡系

前半とする意見（實盛二〇一二）、それ以降の「踏み返し」（すでに存在する鏡を粘土に直接押しつけて紋様を転写させ、鋳型を製作し、複製品を作ること）とする意見（立木一九九四）などがあり、今後の中国鏡研究が取り組むべき課題の一つといえます。

とくに斜縁二神四獣鏡については、日本列島における出土古墳が大阪府津堂城山《つどうしろやま》古墳などのように古墳時代前期後半に集中していて、製作から廃棄（副葬）にいたる流通過程を解明する必要があります。その結果があきらかになるとすれば、倭鏡研究にあたえる影響が少なくないだろうと想像しています。

新段階では、古段階にみられた系列は減少して、中段階に出現した系列の影響下にある分離式神獣鏡系が主要な系列となります（図24）。この分離式神獣鏡系は、古段階に登場した鼉龍鏡系にみられる要素を継承していることが指摘されています（下垣二〇一一）。神獣をあらわす半肉彫りの前期倭鏡は少なからず鼉龍鏡系の影響下にあるとみて間違いありません。

その点で、森下章司氏が提示した「鼉龍鏡族」という設定は前期倭鏡を通観するうえで有効な視座といえます（森下二〇〇二）。

また、中段階から徐々にみられる傾向ですが、獣像のみを表現した鏡の割合が増加してくることも指摘できます。こうした獣像鏡の増加や分離式神獣鏡系にみられる諸要素は、次の段階である中期倭鏡へ継承されます。この前期倭鏡新段階は、古墳時代前期後葉（本稿の埴輪編年Ⅱ期新相、四世紀後葉）に位置づけることができます。

このように、前期倭鏡から中期倭鏡へ向かう変遷過程には大きな断絶が認められません。この点は当該期における倭鏡生産の特色の一つといえます。すでにふれたように、倭鏡は倭王権によって製作・配付された最上位層に位置づけられる古墳時代前期の器物の一つであり、その変遷に大きな断絶がみられないということは、その製作・配付をおこなっていた倭王権にも大きな変動がなかったことがうかがえます。

中期倭鏡——生産の縮小

中期倭鏡は倭鏡のなかで最も生産が縮小した段階のものです。中期倭鏡の生産は前期倭鏡

赤塚古墳

図25　中期倭鏡

郡川西塚古墳

図26　中期倭鏡

から引き続きおこなわれており、製作されていた鏡のなかには前期倭鏡新段階の主要な系列である分離式神獣鏡系などからの要素を直接的に継承するものもみられます。ただし、そうしたものは少数で、部分的な要素に限定されます。前期倭鏡と中期倭鏡とで明瞭に区分しているように、やはり基本的には中期倭鏡段階において創出された系列が多くみられます（図25・26）。また、乳脚《にゅうきゃく》紋鏡《もんきょう》系や珠紋鏡充填《しゅもんきょうじゅうてん》系（図31・32）のように、後期倭鏡段階まで生産が継承されるものもあります。

このように中期倭鏡では前期倭鏡からの直接的な影響を継承する系列がある一方で、魏晋鏡などの舶載鏡を模倣対象として新たな鏡種を創出する動きが確認できます。また、直接的に系譜関係をたどることができない古墳時代前期の中国鏡や倭鏡を模倣した復古的な紋様をもつ例もみられます。具体的にいうと、三角縁神獣鏡などで稀にみられる内向きの鋸歯紋《きょしもん》や、縁部側面が匙面状となる例などがあります。

中期倭鏡では獣像鏡や神獣鏡といった半肉彫り表現の鏡が主体になるとともに、連作鏡といって一人の製作者が続けて製作したと認識できる近しい関係性をもつまとまりが多く確認できます。このような状況は、生産量が縮小したこともあって前期倭鏡段階よりも小規模で緊密な関係のなかで中期倭鏡の生産がおこなわれていたことを示しているのでしょう。

中期倭鏡が生産されていた期間は、前期倭鏡や後期倭鏡に比べると短いことがわかっています。期間は短いものの、その生産段階は二つに区分できるのではないかと考えています。

すでに示しましたが、中期倭鏡段階には中国鏡の日本列島への流入は基本的になく、その点で中期倭鏡をとりまく環境は、中国鏡の流入があった前期倭鏡や後期倭鏡とは大きく異なります。したがって、変化を生じさせる要因として外的なものが乏しく、内的なものに限定されたようです。そのためか、中期倭鏡には前期倭鏡や後期倭鏡とのあいだをつなぐ過渡的な様相がみられます。とくに断面形状については、大局的にみると前期倭鏡から後期倭鏡へと徐々に扁平化していくようです。

倭王権内で刻まれた「火竟」銘

中期倭鏡の一部には「火竟」という文字を鋳造後に刻んだものがあります（図27）。これは、日本列島における初期の文字資料として注目されています（森下一九九三など）。これらの鏡は紋様にもほかの鏡とは異なる共通性がみられることから「火竟」銘以外の点でも関連性が高いといえます。したがって、配付後に諸地域で「火竟」の文字が線刻されたというよりは、鋳造後から配付されるまでの過程のどこか、すなわち製作・配付元である倭王権内において「火竟」銘が刻まれたと考えられます。

これらの鏡と近い時期には、埼玉県稲荷山《いなりやま》古墳出土の鉄剣銘のように象嵌《ぞうがん》で文字をあらわすものもみられます。これも、象嵌の技術を考えると倭王権内でほどこされたものといえます。こうした状況をみるかぎり、文字の使用は倭王権内においても限定的であったと考えられます。

なお、近年、弥生時代から古墳時代にかけての板石硯《すずり》の存在が柳田康雄《やなぎだやすお》氏や久住猛雄《くすみたけお》氏によって指摘され、注目されています。硯の存在は文字の使用につながると考えられるからです。しかし、板石硯の存在が文字の使用（文章の使用）にすぐつながるかというと、私はそ

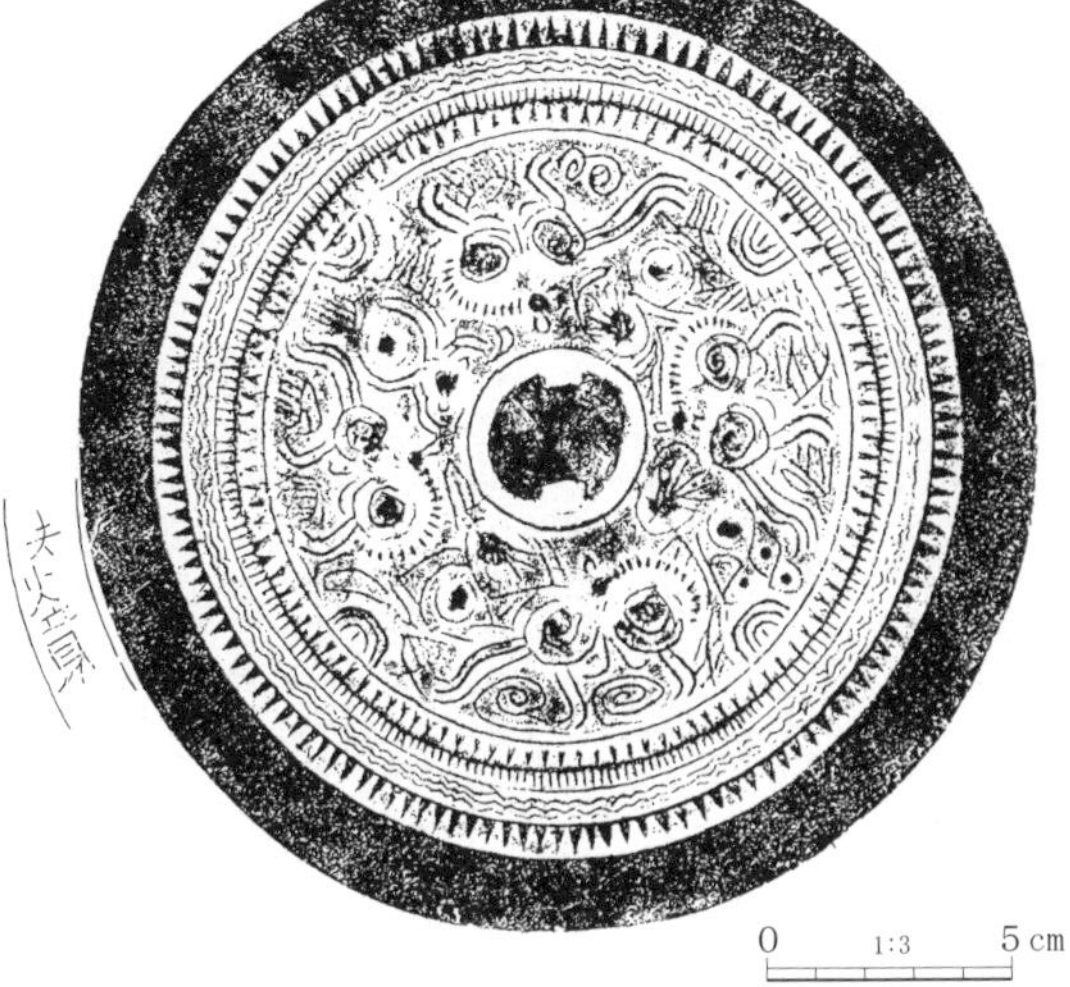

幡枝古墳

図27 「火竟」銘をもつ中期倭鏡

うではないと考えます。ここでいう板石硯とは、現在の書道で使用する墨汁をためるような形状のものではなく、板状の石です。そのような形をしているため、これまで硯であるということが認識されていませんでした。こうした硯が弥生時代には出現していることが指摘されています。板石硯が出土しているのは、各地における拠点的な集落が多いようなので、文章としての文字の使用ではなく、封泥《ふうでい》や

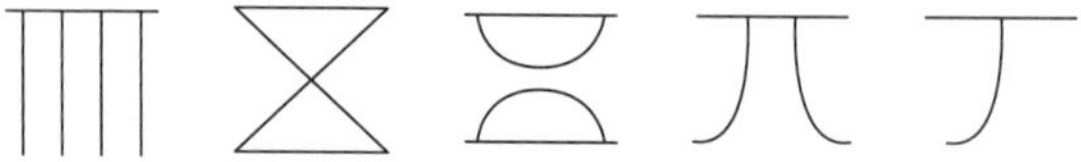

図 28　倭鏡にみられる銘文風の紋様例

符号のように貿易で使われる記号のようなものだったのではないでしょうか。そもそも、筆が字を書くためだけに使われるわけではないように、硯の存在が文字の使用にすぐつながるわけではないと思います。古墳出土品にみられる文字資料があいかわらず希薄であることと、近年にみる板石硯の出土例の増加ぶりとのアンバランスさを勘案すると、このような理解をしておくのが整合的であると考えますが、いかがでしょうか。

　鏡に話を戻しますが、中国鏡には銘文《めいぶん》といわれる文章が内区と外区の境界となる部分にあらわされることがあります。この銘文には鏡の効能、紋様の意味や説明、鏡の製作者や場所などが文章として表記されます。しかし、中国鏡を模倣した倭鏡の製作者たちはその文字を理解できていなかったことは、銘文風の紋様からもあきらかです（図28）。とはいっても、ここでふれた「火竟」銘の事例もありますし、後期倭鏡では銘文をもつ和歌山県隅田《すだ》八幡《はちまん》神社所蔵の人物画象鏡《じんぶつがぞうきょう》（図36）といった事例がみられるのは確かです。しかし、こうした事例はきわめて限定的で、文章としての文字の普及を示すというよりも、ごくかぎられた範囲でのみ使われていたことを示すものと考えます。

後期倭鏡——継承と長期保有

中期倭鏡段階に縮小化した倭鏡生産をふたたび隆盛させる契機となったのは、いわゆる同型鏡群の流入でした。同型鏡群とは、倭王権が中国の南朝への遣使によって受領したと考えられる鏡群で、後漢鏡を踏み返すことで同じ紋様をもつ複製品が多量に生産されたことが確認されています。同型鏡群の日本列島への流入については、四七七年の倭王武（いわゆる倭の五王の一人）による宋への朝貢に由来するものと考えますが、複数回の流入を考える説など異論も多くあります（川西二〇〇四、辻田二〇一八）。

後期倭鏡はこの同型鏡群の流入の影響を受けており、その生産は倭王武の時代に開始されたと考えられます。このことは、後期倭鏡が出土する古墳の時期の上限からも裏づけることができます。ただし、後期倭鏡を細かくみていくと、同型鏡群の流入は倭鏡生産の活発化をうながしはしましたが、鏡の紋様という点ではそれほどの影響をあたえなかったようです。

後期倭鏡段階になると、中期倭鏡段階には顕在化しなかった舶載鏡と倭鏡の区別や面径の大きさによって身分的な序列を具現化する配付方法が古墳時代前期からふたたび復活しました。しかし、数量の多寡については重要視されなかったようで、前期倭鏡ほどの生産量にはなりませんでした。

また、このような古墳時代前期的な配付方法の復活とともに、鏡の紋様についても前期古墳鏡を模倣対象とすることによる復古的な特徴がみられるようになります。具体的には、方格規矩鏡の復活などのように主紋様じたいが復古する例や、三角縁神獣鏡から部分的に模倣した例などを確認できます。

余談ではありますが、このように三角縁神獣鏡といった古墳時代前期を代表する鏡が後期倭鏡製作時の工房に模倣対象として存在していたということは、古墳時代後期の倭王権中枢に古墳時代前期の鏡が伝わっていたということになります。このことは、倭王権中枢における鏡の長期保有を器物じたいの検討から実証したという点で重要です。古墳時代前期から後期をつうじて、倭王権中枢に大きな政治的変動が認められないことの証左になるといえるでしょう。

さきほど指摘したように復古的な要素がみられるといっても、大枠としての後期倭鏡生産

伝・群馬県
図29　旋回式獣像鏡系

広陵町疋相西方
図30　交互式神獣鏡系

上野古墳
図31　乳脚紋鏡系

上大領東原古墳
図32　珠紋鏡充填系

には中期倭鏡から継承されたものが基盤にあったといえます。後期倭鏡段階では、新たに創出された獣像鏡や神獣鏡（旋回《せんかい》式獣像鏡《しきじゅうぞうきょう》系や交互《こうご》式神《しきしん》獣鏡《じゅうきょう》系など）とともに、中期倭鏡段階から継承された乳脚紋鏡系や珠紋鏡充填系が主体をなしていたことが確認されています（図29～32）。

倭鏡生産の終焉

すでにふれたように面径の区分も前期倭鏡と中期倭鏡とでは大きく異なりますが、中期倭鏡と後期倭鏡とではほとんど変わらなかったようです。しかし、中期倭鏡では連作鏡と認識できる鏡群は多いものの、同一紋様鏡の割合は前期倭鏡と同様に少ないという特徴がある一方で、後期倭鏡では同一紋様鏡の例が一〇例ほど確認されており、今後もそうした例の増加が推測されます。後期倭鏡における同一紋様鏡の出現頻度は前期倭鏡や中期倭鏡に比べて非常に高いといえます。これには、後期倭鏡生産の契機となった中国から流入した同型鏡群が同一紋様鏡であることとの影響があったと考えられます。

なお、後期倭鏡は古墳時代の終末まで生産されていたわけではなく、六世紀中頃（古墳時代後期中葉）にその生産は終焉をむかえました。その時期は継体朝後の段階である欽明朝にあたります。古墳時代前期に成立した鏡の授受という倭王権による身分秩序の具現化は、中期倭鏡段階には顕在化せずに後期倭鏡段階になってふたたび隆盛しましたが、欽明朝で完全に破棄されたと考えられます。

これらのことから、後期倭鏡は雄略朝と継体朝に生産された鏡という位置づけが可能です。後期倭鏡生産からは、雄略朝と継体朝の連続性がうかがえるとともに、欽明朝に断絶（倭鏡生産の停止）がみられるわけで、これは配付主体であった倭王権や器物授受体系に一大転換があったといえます。

こうした転換の背景には、倭王権による諸地域や人民を掌握するための諸制度・機構の整備が部民制、ミヤケ制、氏姓制の成立などによってこの時期に一定の水準に達し、既存の器物授受体系に取って代わったとみられます。この時期には装飾大刀の生産が開始されるようで、倭鏡生産の終焉は日本列島における鋳銅製品生産の転換とも関係があるかもしれません。

ここまで概観してきた後期倭鏡の生産は三段階に区分できます。具体的には、旋回式獣像鏡系や連弧紋鏡《れんこもんきょう》髭紋《ひげもん》系などの系列が創出された古段階、諸系列において扁平化が進行する中段階、扁平化・軽量化がさらに進行し、縁と外区の境界が圏線となるもの（図33・34）が主体となる新段階が設定可能と考えます。

図33　縁と外区の境界の形状変化

白石二子山古墳

図34　後期倭鏡新段階の鏡

日本列島独自の鈴鏡《れいきょう》

後期倭鏡にみられる特徴の一つとして鈴鏡の存在があります。鈴鏡とは、通常の銅鏡の縁部分に複数の銅製の鈴が付属したものです。鈴は後付《あとづ》けではなく、鏡本体と一緒に鋳型に彫りこまれて、一体のものとして鋳造されたことを確認できます。鈴を愛玩した本居宣長の影響もあってか、近世以降に珍重されたようで、贋作《がんさく》が多いことに注意をはらう必要がある鏡の一種といえます。一部には本物の前期倭鏡にあとから鈴が付け加えられた例もあります。そうした例は、古墳時代ではなく近世あるいは近代に付加されたようです。

いま、鈴鏡を「鏡の一種」としましたが、鈴鏡を倭鏡における一つの独立した種類として扱うべきではなく、内区主像によって分類された系列を優先させるべきであり、鈴の有無をそれより上位の分類基準とすべきではないといえます（森下二〇〇二）。

鈴鏡については、古くからその分布が東日本に偏ることが注目され、地方での生産を推測する意見もありました。しかし、上述した内区主像による分類を重視するかぎり、基本的には鈴鏡も含めて後期倭鏡全般が倭王権中枢において製作されたものと考えられます。

なお、鈴鏡は青銅製の音色効果をもつ器物としては弥生時代の銅鐸以来といえそうです。鈴鏡と同時代には馬鐸《ばたく》や鈴付の轡《くつわ》・杏葉《ぎょうよう》などの馬具や鈴釧といった青銅製品も出現します。古墳時代中期にはすでに金銅製品が日本列島にもたらされ、色彩による視覚的な身分表象がおこなわれていたと考えられますが、雄略朝ではそれに音色効果も加えられたことがうかがえます。雄略朝と鈴の関係については、追って取り上げます。

後期倭鏡と青銅製馬具

後期倭鏡との関係が推測される青銅製品としては、すでにふれた馬具類があります。馬具は馬を装飾する器物であり、見せるためのものであったようです。その馬具の一種である馬鐸には、後期倭鏡と共通する紋様がみられます（図35）。たとえば、図35にみられる鋸歯紋や乳脚紋がそうです。また、初期の鈴鏡における鈴の断面形状は縦長で、これは初期の鈴付

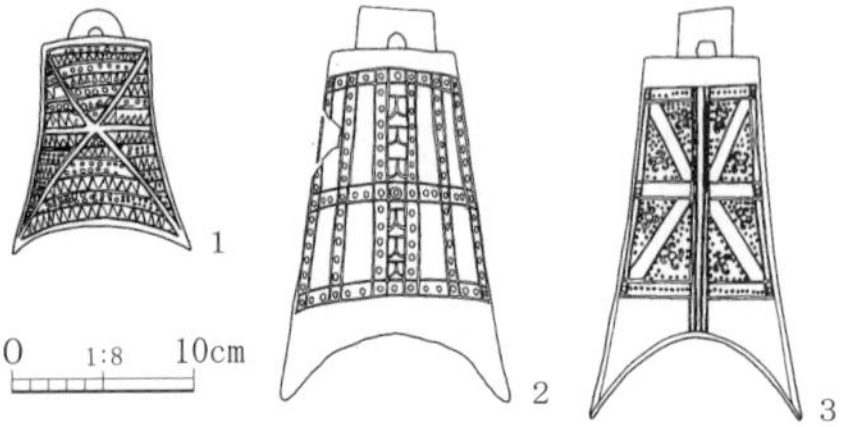

1：茨城県上野古墳　2：千葉県東今泉古墳　3：千葉県金鈴塚古墳

図 35　馬鐸にみられる倭鏡との共通表現

鋳造馬具にみられる鈴の特徴と一致しています。しかし、鈴付鋳造馬具については、その後の鈴の形状や大きさの変化から判断すると、それほど後期倭鏡と関係があるようにはみえません。むしろ、鈴付の青銅製品のなかでは、鈴釧が鈴鏡との共通性が高いようにみえます。

したがって、後期倭鏡とそのほかの青銅製品の生産は、共通する部分がありつつも独立した部分もあるような体制を基本として、変化していったものと推測されます。

重要な意味をもつ紀年銘鏡《きねんめいきょう》

この章の冒頭で、鏡研究が重要視される理由を述べましたが、ここでもう一つ理由を付け加えておきたいと思います。

それは鏡に記された銘文のなかに年号が含まれている「紀年銘鏡」とも呼ばれる鏡があることです。

出土品はそれがいつ製作されたのかが基本的にわかりません。それを解明するために、考古学では型式学的《けいしきがく》方法や層位学的方法などを駆使して編年《へんねん》という時間軸をさまざまな遺物ごとに整備しています。そして古墳時代研究では、古墳から出土するさまざまな遺物ごとの編年を組み合わせることで、それぞれの古墳の築造時期、古墳編年を確立しています。

鏡でもそれぞれの系列ごとに編年が確立されていますが、その時間軸は基本的にはあくまで相対的なものです。しかし、そのなかに紀年銘鏡が含まれるとすれば、そこに実年代が付与されることになり、出土品の年代だけでなく古墳の具体的な築造時期を知るうえでも非常に参考となります。

古墳時代にはこうした実年代の記された紀年銘資料が鏡や刀剣の銘文など非常にかぎられています。そのため、実年代がわかる資料という点でも鏡はこれまでの研究で非常に重要視されてきたといえます。

古墳から出土する鏡のなかでは、中国鏡に多くの紀年銘鏡が含まれます。有名なところでは景初《けいしょ》四年という存在しなかった年号の記された鏡があります。景初という年号は三年までしか存在しなかったのですが、そのような年号の記された龍虎鏡《りゅうこきょう》が京都府福知山市の広峯《ひろみね》一五号墳から出土しています。

この広峯一五号墳出土鏡は、三角縁神獣鏡との関連も推測される鏡であったため、景初四年のような存在しえない年号の記された鏡が中国で製作されたはずがない、という理由で関連する三角縁神獣鏡も中国鏡とはいえないのではないか、という論調が盛り上がりました。これに関して深入りするつもりはありませんが、中国においてもこのような錯誤がおこる余地はありえたと考えられており（福永他二〇〇三）、三角縁神獣鏡はすべて中国製であるという理解を私はしています。

なお、倭鏡の紀年銘鏡としては、さきほどふれた隅田八幡神社が所蔵する国宝の人物画象鏡が知られています（図36）。この鏡は後期倭鏡の一種で、銘文のなかに「癸未年」とあり、

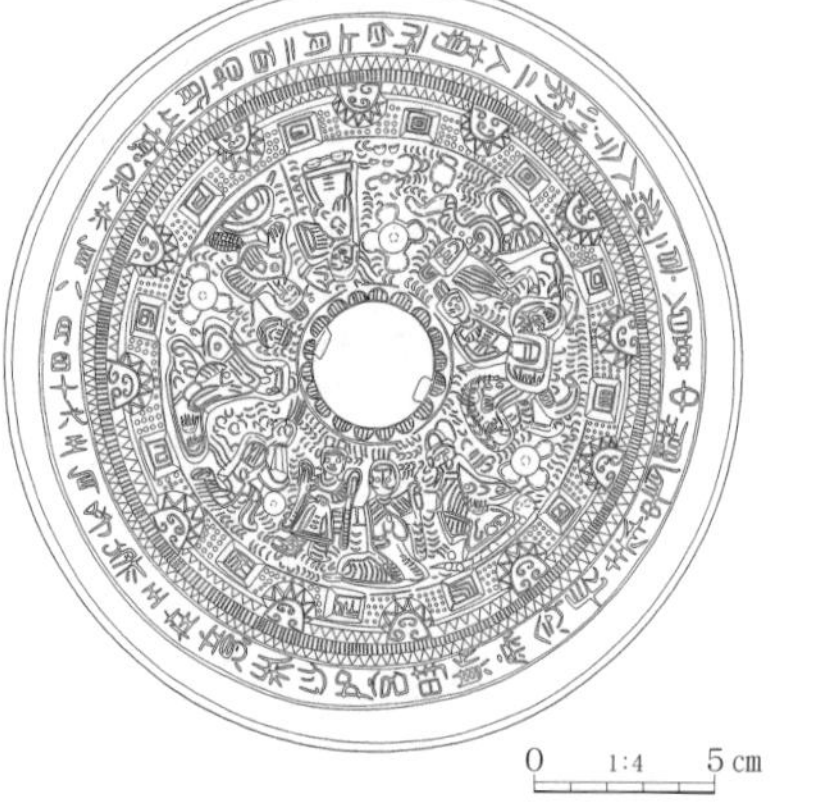

図 36　隅田八幡神社所蔵の人物画象鏡

この癸未年が五〇三年を示すと考えられています。また、この鏡の銘文には百済《くだら》の武寧王《ぶねいおう》や倭の継体大王と解釈できる人名があるため、実年代だけでなく文字資料としても重要な資料といえます。

このように、紀年銘鏡が含まれることもあって古墳研究では鏡が重視されてきました。それは古墳時代の政治史を考えるうえでは正しいと思います。しかし、古墳の編年をおこなうという点ではあまり重要視できないと考えます。というのも、鏡は希少品であったため、製作後に倭王権から地域集団に授受がすみやかにおこなわれたとしても、すぐに古墳には副葬されなかった可能性があるからです。したがって、鏡の製作時期が出土古墳の築造時期を必ずしも反映しないことがあるため、古墳編年の手がかりとしてはあまり重要視できないと私は考えています。

古墳出土鏡のライフサイクル

古墳時代の鏡はその製作から副葬までの過程が研究対象とされることが一般的です。しかし、研究対象となる鏡は発掘されたものであって、まだ古墳のなかに埋まっている鏡も多くあるはずです。また発掘されたものでも、その発掘された時期は江戸時代であったり、現代であったりとまちまちです。したがって、それらの鏡は一般的な研究対象となっている製作から副葬までの過程以外の多くの時間も存在していたはずです。とくに発掘されて以降の期間もヒトと多くの関わりをもちながら存在しています。そのように考えると、古墳出土鏡の研究は、古墳時代のことのみに傾注しすぎている気もします。

考古学は物質文化研究であり、ヒトとモノとの関係から人類とは何かを追求する学問であるとすれば、古墳出土鏡の古墳時代以降に関する研究についてもこれまで以上に取り組んでいかなければいけないと考えています。

その実践の一つとして、私は江戸時代における古鏡に関する研究や流通・保有の状況を検討したことがあります（加藤二〇一八）。それによれば、江戸時代では儒学者のあいだで中国鏡を愛玩することが広まっていたようで、新田開発が進んだことに起因して古墳からの出土品が増加したり、唐人貿易によって中国から古鏡が輸入されたりしたことによって、需要が満たされていたようです。

また、三種の神器の一つとして鏡が神宝化したのが中世以降であることについてすでにふれましたが、実際に神社が所蔵する鏡の来歴を調べると近世以降に所蔵することになったものが圧倒的です。鏡を神聖視するのは古墳時代から続く日本の伝統ではなく、早くみても中世までしか遡れないようです（下垣二〇二一A）。

古墳出土鏡の研究を古墳時代を考究するためだけに限定せず、ヒトと鏡の時代を超えた関係を追求することで日本列島の歴史ひいては人類史の解明につなげていきたいと思います。

第四章　副葬品生産と古墳時代人

武威を示す古墳時代前期の副葬品——銅鏃《どうぞく》

ここまで、埴輪や倭鏡に関連することがらについてみてきました。どちらも古墳時代の大半の時期をつうじて生産され続けた器物という点で共通しています。こうした器物を分析することは長期的な変動を把握するうえでは有効だと思います。しかし、古墳時代の器物を俯瞰するとそうしたものはごく少数といえます。古墳時代における各種器物の栄枯盛衰はめまぐるしいものがあります。特定の時期にかぎってみられる器物もそこには何らかの理由があるはずですから、本章ではそうした器物もできる範囲内でみていきたいと思います。

ここで取り上げる銅鏃とは矢の先端に取り付けられた青銅製の鏃《やじり》のことで、武器である矢を構成する部品の一つです（図37）。この銅鏃は弥生時代から古墳時代前期にかけて生産され、鏡と同様に鋳造《ちゅうぞう》によって製作されていました。前章で扱った倭鏡とは素材が同じであることや弥生時代から日本列島で生産されていたことなど、共通点もあります。銅鏃が出土した古墳は一五〇基ほどで、これまでに約二五〇〇点が確認されているそうです（高田健一二〇一三）。

すでにふれたように銅鏃は武器を構成する部品ですが、実際に実用されていたかについては確実ではありません。機能的には使用しても問題ない銅鏃もあると思いますが、古墳時代前期後半にみられる銅鏃には大型化したものもあり、実用というよりは見せることを目的とした儀仗《ぎじょう》用であったとする意見もあります（川西一九九〇）。そもそも、古墳時代は弥生時代に比べると戦乱の痕跡が圧倒的に少ないのが特徴の一つといえます。古墳時代になると多くの鉄製の武器や武具が生産されましたが、その一方でそれらを実際に使用するような戦闘はあまりなく、武威を示す器物として、存在することじたいに意義が見出されていたのだと考えられます。

たとえば、銅鏃や鉄鏃が先端に取り付けられた矢は、靫《ゆき》といわれる器物におさめられた状態で置かれていたことが、古墳から出土する靫形埴輪によってわかっています（図38）。図38に示したように、靫は矢の鏃部分を上に向けておさめるもので、金属製で光を反射する銅鏃や鉄鏃を意図的に見せるためのものであったことがうかがえます。

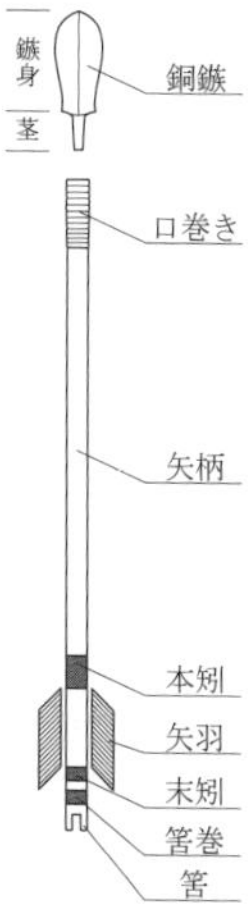

図37　矢の部位名称

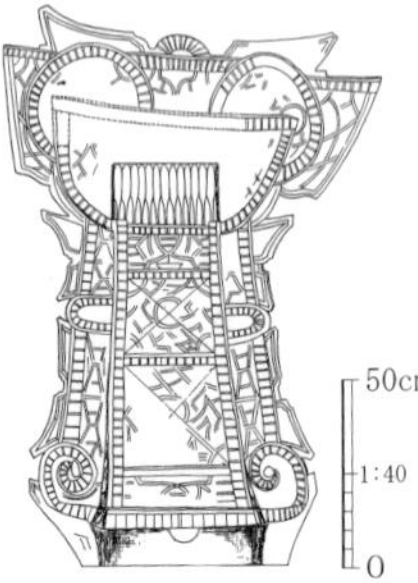

室宮山古墳

図 38　靫形埴輪

合理的ではない単品《たんぴん》鋳造《ちゅうぞう》

銅鏃の製作方法については、一回の鋳造で複数の個体を製品化できる「連鋳式《れんちゅうしき》」と呼ばれる方法を弥生時代から古墳時代まで継続していたことが指摘されています（本村一九七七）。連鋳式では一度の鋳造で図39のような形で複数の銅鏃が形成されるので、茎《なかご》（鏃身の下部にある矢柄に挿入する棒状の部分）にヤスリなどで向かい合う刻み目を二つほどこして、そこで折ってから研磨をおこなうことで一点の銅鏃が完成になると考えられます。銅鏃は一般的にこのように非常に合理的に生産されていたことが推測されます。

その点で注意される銅鏃が奈良県奈良市に所在する佐紀《さき》丸塚《まるづか》古墳（円墳：直径四五ｍ）から出土しています。佐紀丸塚古墳は衛門戸丸塚古墳と呼ばれることも多いですが、衛門戸の読み方を確定できないため、佐紀丸塚古墳と呼ぶことにしています。この佐紀丸塚古墳は、四世紀中頃（本書の埴輪編年Ⅱ期古相段階）に築造されたと考えられます。

その埋葬施設である粘土槨《ねんどかく》（古墳時代前半にみられる木棺を粘土で被覆した構造の埋葬施設）からは、鏡一四面、刀剣一八本などとともに銅鏃一九点が出土しました。その銅鏃にはほかではあまりみられない痕跡が残っていました。どのような痕跡かというと、銅鏃を鋳造する際には同じ形の銅鏃が彫られた二つの鋳型を組み合わせるのですが、その組み合わせがずれてしまって、大きなバリのような段差（本来は意図していなかった鋳造時のミスによって発生してしまった段差）が生じているのです（図40）。

佐紀丸塚古墳の銅鏃一九点を調べたところ、このようなズレが個体ごとに上下左右さまざまな幅で生じていることがわかりました。さきほどふれた銅鏃の一般的な製作方法である連鋳式であれば、鋳型の組み合わせにズレが生じた場合、同じようなズレをもった個体が複数できることになりますが、佐紀丸塚古墳ではそのような状況ではありません。

このような状況をどのように理解すればよいのか考えた結果、連鋳式ではない製作方法によるものだったのではないかと思いいたりまし

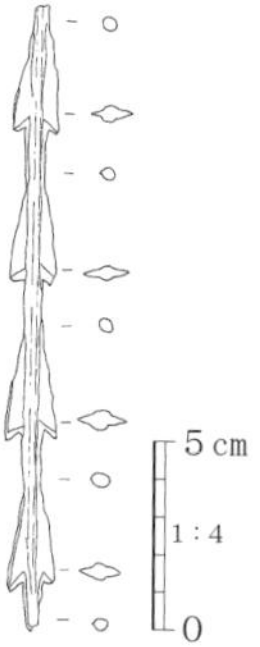

図 39
連鋳式の銅鏃

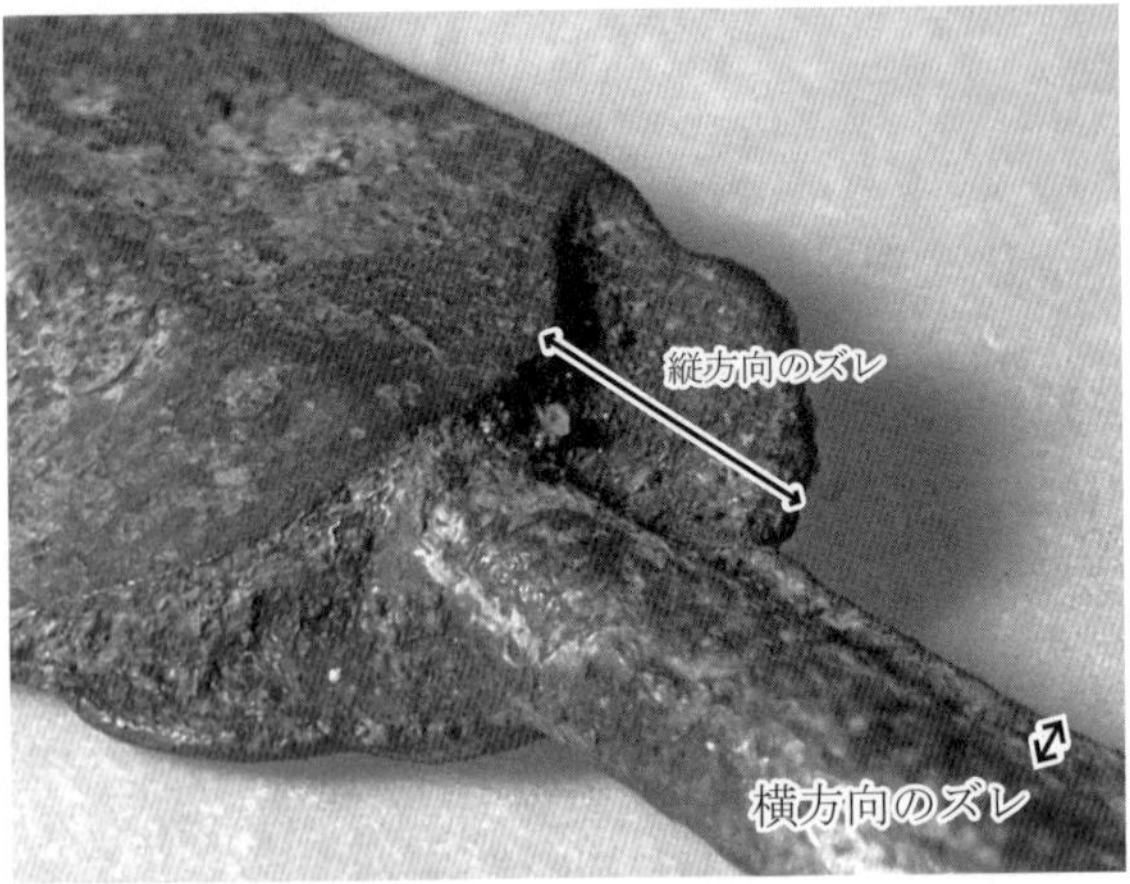

図 40　鋳造時のミスによる段差（ズレ）

た。それは「単品鋳造」とでも呼ぶことができる方法です。要するに銅鏃一点ごとに鋳型を用意して鋳造していたと推測するわけです。したがって、「単品鋳造」は「連鋳式」に比べて非合理的で手間のかかる製作方法といえます。

佐紀丸塚古墳の銅鏃の製作方法について当初は、これまでいわれていた「連鋳式」であることを疑いませんでしたが、実物に即して考えていくと「連鋳式」では説明がつかないところがあり、「単品鋳造」という方法でも説明が可能なのではないかと思うようになりました。佐紀丸塚古墳の銅鏃とは種類が異なりますが、茎をもたないタイプの銅鏃は実際に「単品鋳造」での製作が推定されています。

佐紀丸塚古墳のような茎をもつタイプの銅鏃に関していえば、「連鋳式」という製作方法は効率的で理にかなったもので、弥生時代の製作方法との連続性もあって説得力に富みます。しかし、合理性は現代人の感覚によるもので、そのような思考で当時の人々が製作していたという保証はありません。次に取り上げる革盾《かわたて》では、間近でみなければ認識できないような無駄とも思える紋様がみられます。古墳時代における手工業生産（そのなかでもとくに古墳に伴う器物の生産）では、生産性や効率性よりも「作る」という行為じたいにも特別な意味があったのではないでしょうか。

武威を示す古墳時代中期の副葬品――革盾

革盾は鉄製の甲冑《かっちゅう》などと同じく、古墳時代中期を中心にみられる器物です。革盾は、動物の革に糸と針で非常に細かく刺縫《さしぬ》いして綾杉紋《あやすぎもん》や鋸歯紋《きょしもん》などの紋様（図41）を表現したうえで、その革を木枠に固定し、さらにその皮革に漆などを塗布するという製作方法だったようです。古墳時代の盾には、革製のほかに木製や鉄製のものが知られています。鉄製の盾は非常に数がかぎられていますが、革製と木製の盾がどの程度の比率で存在していたのかはよくわかっていません。

盾というと、皆さんは手でもつことのできる大きさ

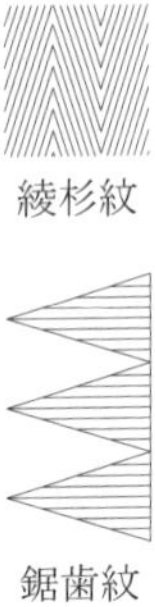

図41 革盾の紋様

を想像されるかもしれませんが、古墳時代の盾は置いて使う盾が主流だったようです。つまり、手でもつ盾よりも大きいものになります。革盾の大きさは、高さが一四〇～一六〇センチ、幅が五〇～七〇センチ程度となることが多いようです（青木二〇〇三）。

さきほど革盾は古墳時代中期を中心にみられると述べましたが、その出現は古墳時代前期前半まで遡る可能性があります。というのも、古墳時代前期前半（本書の埴輪編年のⅠ期古相段階）に築造された古墳である奈良県天理市の東殿塚古墳の埴輪に、革盾をあらわしたと思われる線刻がみられるからです（図42）。古墳時代のかなり早い時期から存在していたと思われる革盾ですが、その存在が目立つようになってくるのは前期後半（本書の埴輪編年のⅡ期古相段階）以降になります。しかし、それは革盾じたいの確認例が多くなるわけではなく、革盾を模した盾形埴輪が出現したことによるものです。

革盾は古墳の副葬品として埋葬施設の上や内部に配置された事例が多く、各地の有力首長墓などを中心に一〇〇例以上が確認されています。革盾は各地で出土していますが、その形状や紋様をみると共通性が高いので、倭王権によって限定的に生産されていたと考えられます。同時期には鉄製甲冑の生産や副葬もさかんになっており、こうした軍事的な要素の表象が古墳時代中期には重要視されていたようです。

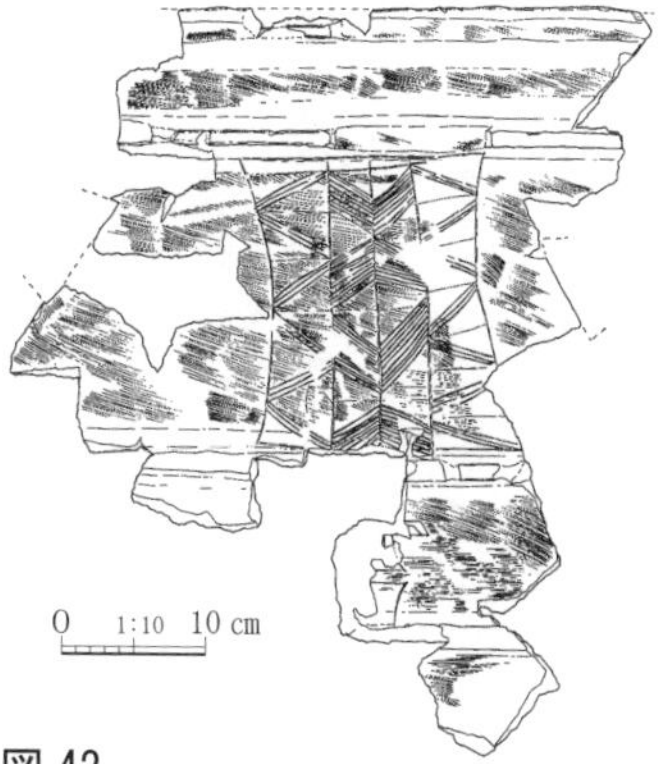

図 42

盾が描かれた東殿塚古墳の埴輪

良好な革盾が発掘された茶すり山古墳

革盾は、金属製品とは異なり、有機質で構成されているので日本の酸性土壌という埋蔵環境では劣化したり消失したりしてしまうことが多く、なかなか良好な状態で古墳から出土することが少ない器物といえます。良好な状態で出土する場合は、埋葬施設を被覆した粘土によって水分が保たれ、皮革に塗られた漆のみが膜状に残存することが多いようです。

このように革盾は残存する条件が厳しいため、良好な資料が少ないのですが、実は私が参加した発掘調査で良好な革盾を確認したことがあります。それは、兵庫県朝来《あさご》市に所在する茶すり山古墳（円墳：直径約九〇メートル）の発掘でのことです。茶すり山古墳は、日本列島でも最大に近い規模の円墳で、これだけの規模をほこる古墳で未盗掘の中心埋葬施設（第一主体部）が発掘調査されるのは、近年では稀な事例といえます。

その茶すり山古墳では、第一主体部の四つの各区画（図43）で革盾がみつかっています。以下では各区画で発掘された革盾の基本的な特徴を確認しておきます。

東区画には甲冑や工具などの鉄製品とともに、一点の革盾が副葬されていたと考えられます。遺存状態が悪く、詳細は不明ですが、大きさは最大で高さ一一〇センチ、幅六五センチほどであったと推測されます。紋様は綾杉紋を充填していたようです。

被葬者を埋葬していた区画である中央区画からは、鏡、玉類、刀剣類とともに革盾も出土しています。この盾も遺存状況が悪く、かろうじて綾杉紋や鋸歯紋の紋様が確認されているのみです。

西区画一とされている区画からは、鉄鏃や鉄ホコとともに、少なくとも三点の革盾が副葬されていたようです（盾一～三）。その形状はいずれも同じで、高さ一一〇センチ、幅六〇センチほどの大きさであり、外形は上辺と底辺が直線で、外周には綾杉紋がほどこされていました（図44）。内外区は「Ⅱ」字状に綾杉紋で区画されていて、外区の鋸歯紋は上部と下

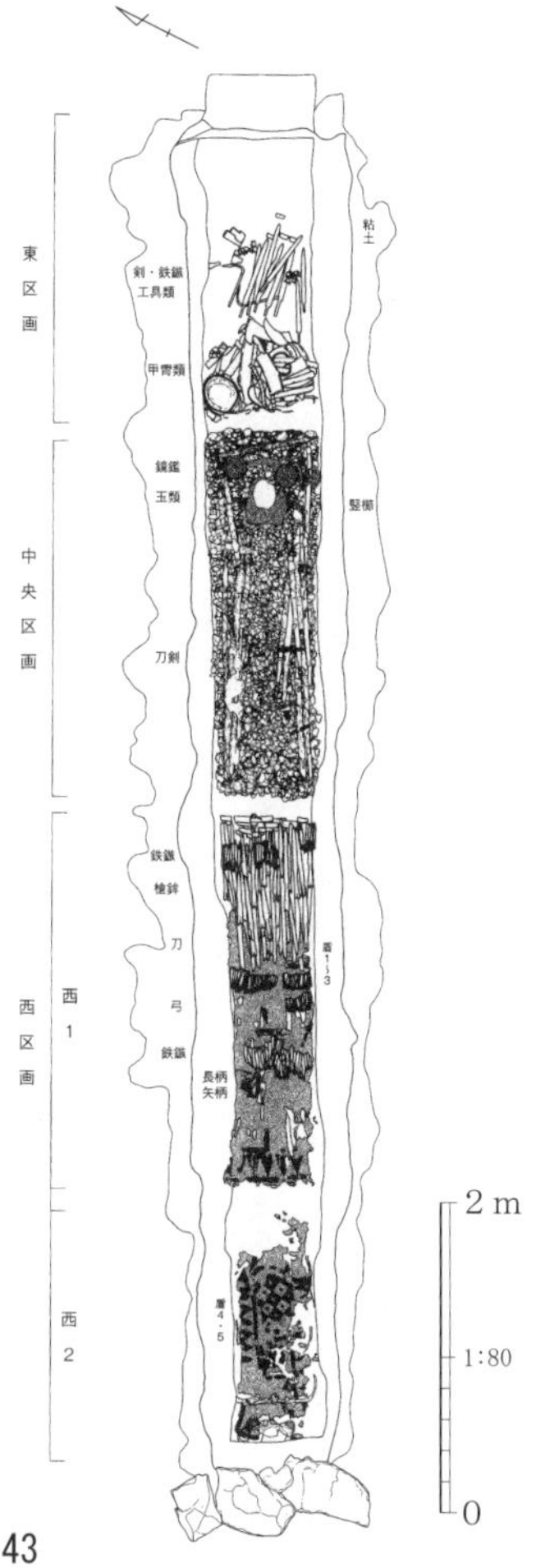

図43
茶すり山古墳第１主体部出土状況図

部がともに五つでした。脇部の鋸歯紋の数は正確には不明ですが、五つとして復元しました。どちらの鋸歯紋にも朱と思われる赤色顔料と紫色の顔料が交互に塗布されていました。この顔料は皮革の上に塗布された漆よりもあとから塗布されたものです。この盾の内区の紋様は不明ですが、菱形紋がほどこされていたか、無紋であったと考えられます。

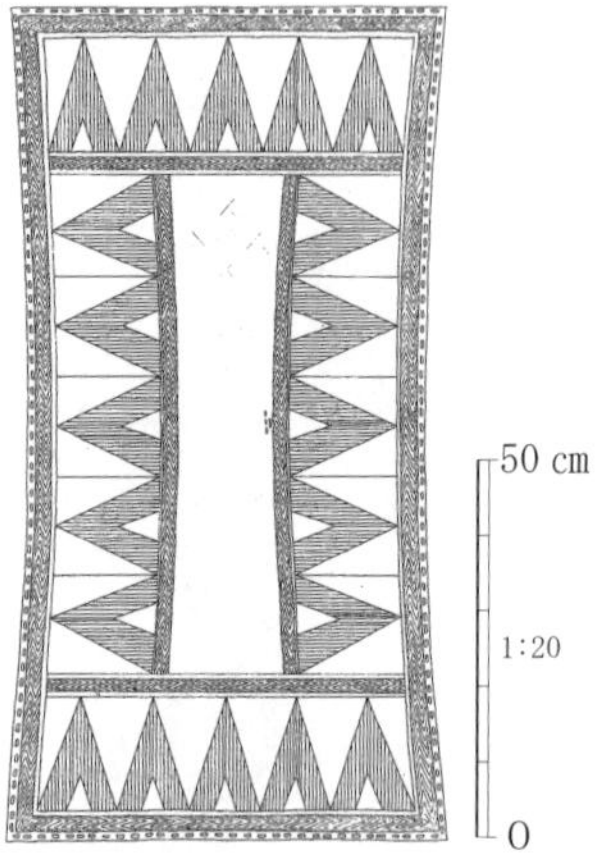

図44　盾1～3復元図

西区画二には二点の革盾が副葬されていたようです（盾四、五）。盾五は盾四の下に副葬されており、遺存状況が悪かったのですが、盾四と同様の紋様をもっていたと推測されます。以下では盾四について詳しく紹介します。

盾四は茶すり山古墳から出土した革盾のなかで最も遺存状況が良かった革盾です（図45）。高さ一五〇センチ、幅五〇センチほどの大きさで、上辺が弧状に湾曲し、底辺が直線となる外形であったと考えられ、外周には綾杉紋がほどこされていました。内区と外区は「Ⅱ」字状に綾杉紋で区画されていて、外区上部には三、下部には五、脇部には左右それぞれ一一の鋸歯紋が刺縫いで表現されていたようです。内区は中央部分に綾杉紋による三重の区画があり、その上下には菱形紋や三角紋がほどこされていたようです。

こうした所見をもとに刺縫いされた主紋様を復元的にあらわしたものが図46となります。図46において線で表現されている部分が刺縫いされた箇所で、白抜きの部分が実物では黒ベタの漆塗りされた箇所です。

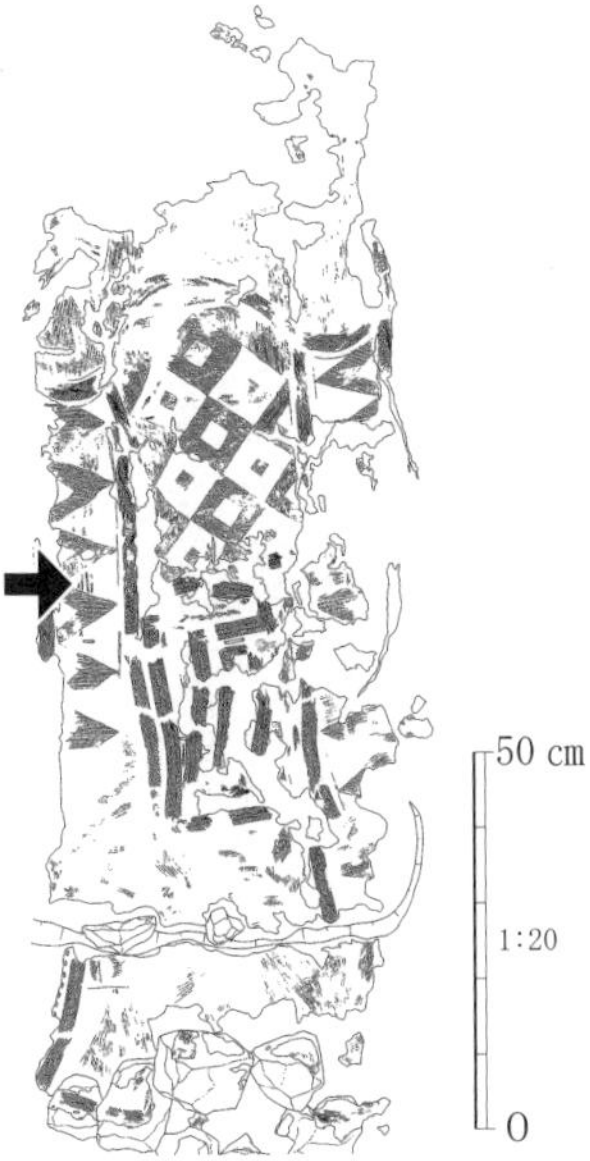

図 45　盾４の検出状況

盾四の遺存状況は、全国各地で出土している革盾と比較しても非常に良い部類に入るものでした。したがって、刺縫いの微細な部分も観察することができました。刺縫いは糸と針でおこなわれています

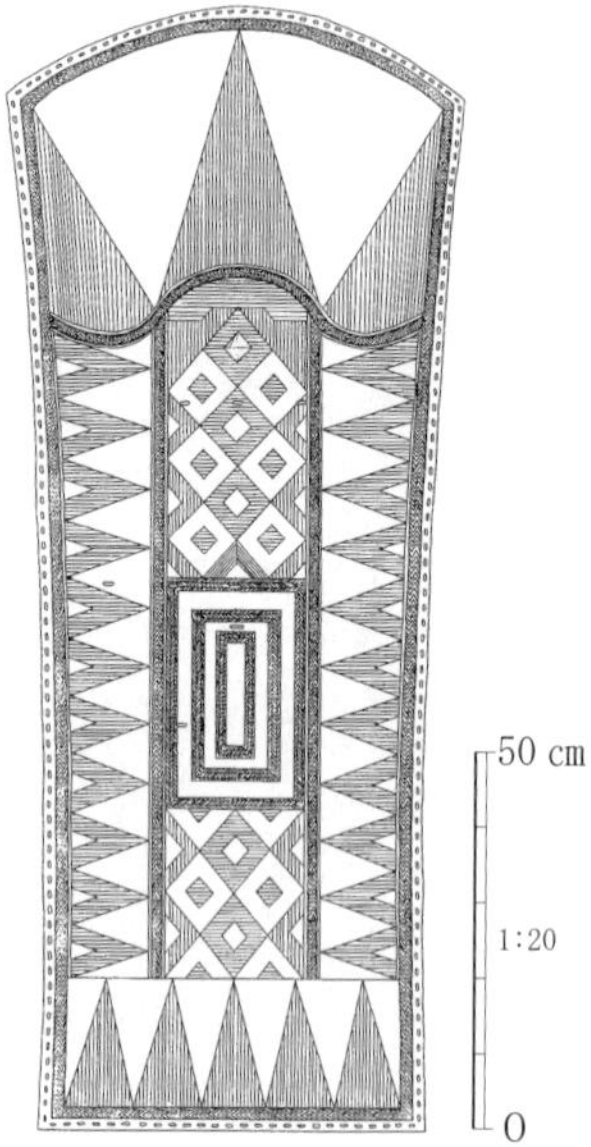

図46　盾4復元図

が、その糸は直径〇・五ミリほどのきわめて細いもので、太さはほぼ均一でした。また、その糸には撚《よ》りがほどこされていました。刺縫いとはこのような材料を使用した非常に細かな作業となりますが、盾四ではメインとなる紋様とは別の紋様も刺縫いをほどこされていたことが確認できました（図45の矢印など）。

これほどまでに細かい刺縫いをほどこしていることを考えると、じつに多くの労力と時間が費やされたことは容易に想像がつきます。そもそも革盾の主紋様とはならない部分は黒漆が塗られるため、刺縫いをほどこしても視認することがほとんどできないものだったはずです。そのような作業をなぜわざわざおこなったのでしょうか。そのように考えると、縫うことじたいに何らかの意味がこめられていたのではないかと考えざるをえません。想像をたくましくすれば、刺縫いという行為じたい（革盾の製作じたい）が儀礼的なものであったと考えています。革盾の観察からも、合理性や効率性といった現代的なものさしではかることが難しい古墳時代人の行為がうかがえます。

革盾を発掘する

ここまで茶すり山古墳の革盾についてふれてきましたが、私が茶すり山古墳の発掘調査で革盾四の検出を担当しました。

私が大学院の博士後期課程に在籍していた頃、考古学の大きな学会が五月に東京で開催され、そこで関西の大学の先生などにすすめられたことが、茶すり山古墳の発掘調査に参加することになった経緯です。茶すり山古墳の発掘は、調査が進むにつれて珍しい副葬品が多く出土したため、その期間は結果的にかなりの長期にわたりました。私が調査に加わった時には七月頃に終わる予定だったのが、お盆までになり、九月までになり、年末になり……、結局、現地での作業が完了したのは二月でした。

革盾の検出に時間がかかったことも、茶すり山古墳の調査が長引いた一因です。盾四の検出作業は上端付近から始めたのですが、最初に竹ベラを使って掘ったところ、漆膜の破片が出てきます。そこに何かが存在することはわかるものの、それが何なのかよくわからない状況が続きました。

そこで、竹ベラで掘るのではなく、面相筆《めんそうふで》（非常に細い筆）に水を含ませて土を溶かして除去する方法を試してみたところ、漆膜を壊さず面的にうまく検出することができました。しかし、この方法だと一日に一〇センチ四方くらいの面積しか土を除去することができません。盾四の検出を始めた頃はまだ秋でしたが、終わった時には冬になっていました。但馬地方の冬は寒く、土を溶かすためのコップの水が作業中に凍ってしまったこともありました。

革盾の検出のような緻密な作業を屋外でおこなうことには限界があるので、こうした遺物が出土した際には、周囲の土ごと取り上げてしまい、屋内に移動させて作業することが最近は多くなっています。しかし、茶すり山古墳は埋葬施設の形状もあって、そのような破壊行為は難しかったため、現地での作業となりました。遅々として作業が進まず、しんどい思いもしましたが、検出作業中は無の境地になり、革盾を刺縫いした製作者との対話をしているかのような、いま思えば楽しい時間でもありました。

中国大陸における鏡の傾向――鉄鏡

前章の冒頭では古墳時代の日本列島で銅鏡が珍重されていたことを述べましたが、同時代の中国大陸も似たような状況だったのでしょうか。

中国考古学の専門家によれば、同時代の中国大陸において鏡は珍重されていたものの、銅鏡よりも鉄鏡のほうが尊ばれていたそうです（上野二〇一九）。銅鏡は鏡背面の紋様を鋳造によってあらわしますが、鉄鏡は銹などによって膨れてしまうことが多いので、銅鏡のような紋様をもっていたのかどうかよくわかりません。しかし、鉄鏡には金や銀を象嵌《ぞうがん》したものや金を貼ったものが確認されています。鋳造によってのみ紋様をあらわしていた銅鏡に比べて、鉄鏡は装飾性が高く、製作方法も異なっていたようです。このような鉄鏡は日本列島において数面しか確認されておらず、中国大陸とは異なる状況がうかがえます。

このように中国大陸において鉄鏡は銅鏡よりも上位の序列であったようですが、同時代の日本列島で鉄鏡は数面しか確認されていないので、そうした兆候はうかがえません。古墳時代人の鏡に対する認識は同時代の中国大陸とは異なっていたことがわかります。

このことから、日本列島において中国鏡は信仰や思想を伴った一つの体系として導入されたわけではなく、単にアイテムとして受容されていたことがうかがえます。

倭独自にアレンジした鏡

鉄鏡に続いてもう一つ鏡の話題を続けたいと思います。あまり知られていませんが、古墳時代と同時期の中国王朝では円形の銅鏡だけでなく方形の銅鏡がありました（以下、方鏡とします）。方鏡には円形の鏡よりも大きいものがあり、その序列は方鏡のほうが上位であったことがわかります。

そのことは、中国の文献からうかがえます（小南一九七八）。たとえば、『太平御覧《たいへいぎょらん》』の巻七一七服用部一九のなかに方鏡の記載があります。具体的には、西晋の陸機がその弟の陸雲に魏の武帝の遺物について報告したと思われる手紙に「仁寿殿前に大方銅鏡あり。高さ五尺ばかり。広《はば》三尺二寸。立ちて庭中に著《つ》き、これに向かえば、便《すなわ》ち人の形体を写して了了たり。また怪事なり。」といったことが書かれています。

また、『西京雑記《せいけいざっき》』という前漢の出来事に関する逸話を集めた晋代の小説に近い書物では、高祖（劉邦）が咸陽宮に入りその宝物に驚いたというくだりに、方鏡が出てきます。実際の文章を引用すると「有方鏡、廣四尺、高五尺九寸……」とあり、かなり大きなものであったことがわかります。

このように古墳時代と同時期の中国の王朝では宮殿内に巨大な方鏡があったようです。その用途は正確にはわかりませんが、その巨大さは権威を誇示するのに十分だったでしょうし、姿見や光を反射させたりする実用的な機能も果たしていたと思われます。

もしかしたら中国の王朝に朝貢した倭の使者も、こうした方鏡を目にしたことがあったのかもしれません。それを思わせる遺物が古墳から出土しています。

大阪府藤井寺市に所在する津堂城山《つどうしろやま》古墳は墳長約二一〇メートルの前方後円墳で、古墳時代中期開始の画期となる王墓とされることが多い古墳です（私はそのように考えないことはすでに述べたとおりです）。本書における時期区分では古墳時代前期後半新相（本書の埴輪編年Ⅱ期新相）に位置づけられ、王墓に準じる階層の古墳であると考えますが、この津堂城山古墳から方鏡を模倣したとも考えられる日本列島製の不明銅製品が出土しています。それは破片

図47　津堂城山古墳の方形銅板

であり、本来どのような形であったのかはわかりませんが(図47)、盾との関係がうかがえることを推測したことがあります(加藤二〇一三)。

二〇二三年、そのことを裏づけるような資料が、奈良県奈良市に所在する富雄丸山《とみおまるやま》古墳から出土したことが報道されました。富雄丸山古墳は直径一〇九メートルをほこる日本列島最大の円墳です。築造時期は津堂城山古墳よりも少し古く、古墳時代前期後半古相(本書の埴輪編年Ⅱ期古相)に位置づけられます。

この古墳の造出にもうけられた埋葬施設(粘土槨)から「盾形銅鏡」とされる完全な形の銅製品が出土しました。外形は革盾を模倣していますが、鏡のように鈕《ちゅう》があり、鋸歯紋や古墳時代前期を代表する倭鏡である鼉龍鏡《だりゅうきょう》の紋様が鋳出されていました。

この「盾形銅鏡」は中国の方鏡を模倣しつつも、盾形にするなど倭独自のアレンジが加えられているようです。中国における使用方法とは異なるようですし、そもそも形状も完全に模倣したものではありません。思想も含めて中国を模倣するのではなく、単にアイテムとして模倣しているという点では、倭鏡などと同様にみなせると思います。

古墳時代以降の律令制や都城制も中国における制度を模倣したものですが、導入にあたっては日本列島独自のアレンジが加えられていることがわかっています。中国大陸の思想そのままでは受容することが難しいまでに倭独自の世界観が形成されていたようです。そうした様子は古墳時代にすでに形成されていたのでしょう。

第五章　古墳時代人の祭祀と思想

死にまつわる儀礼

現代の感覚としては、継続的にお墓参りをすること、繰り返し故人をしのぶことはそれほど珍しいことではないと思います。とくにその対象が親族や実力者・有名人であればなおさらでしょう。

では、古墳時代人はどうだったのでしょうか。そこで、まずそうした事例をみていく前に、古墳時代人の生涯のなかで死に際しておこなわれた儀礼を確認しておきたいと思います。これまでの研究によれば、以下のような五段階の過程・場面が想定できるそうです（日高二〇一二）。

〇．墳丘築造中…築造の各段階において儀礼をおこなう
一．死の確認…死を受け入れずに甦りをはかる
二．死の決定…死を受け入れ、生者から死者への何らかの移行をはかる
三．死者の埋葬…死者を埋葬することで完全に生者との関係を絶つ
四．死者の慰撫…埋葬後に追悼儀礼をおこなう

この五つの段階をあらためてみると、〇は死者を葬る墓（古墳）の築造に伴う儀礼、一は生物的な死を確認する段階でしょうか。二は社会的な死、三は墓である古墳の完成、四は完成後の古墳における儀礼、といったようにイメージできるかと思います。

以下では、現代のように有力者や先祖を継続的にしのぶことがおこなわれていたのかを確認するために、古墳が築造されて以降に古墳で何らかの祭祀がおこなわれていたのかどうかを調べてみたいと思います。ただし、古墳では追葬《ついそう》（最初の被葬者を葬ったのちに追加で葬ること）の際に何らかの祭祀がおこなわれることもあるので、追葬に伴うものは除外したいと思います。とはいっても、厳密にそれを峻別することは難しいので、ここではとりあえず古墳の築造完了（初葬の埋葬完了）から五〇年（おおよそ二世代）以上新しい古墳祭祀を該当するものとして扱うことにします。ここで取り上げる古墳築造以後の古墳祭祀とは、前述の四に該当するものといえます。

古墳と祖先祭祀

倭王権中枢の古墳における築造以後の古墳祭祀として想起されるのは、平安時代に編纂された『延喜式《えんぎしき》』（当時の法律の施行細則）の諸陵式において陵墓祭祀が規定されていることです。その一方で、『延喜式』が編纂された段階で所在地がすでにわからなくなっている陵墓もあり、祖先に対する意識を考えるうえで示唆的です。古墳時代後期になると埋葬施設として横穴式石室が導入され、複数回の埋葬行為が一般的になりますが、追葬の際に先行埋葬を片づける行為が多くみられることからも、祖先を丁重に扱う意識の低いことがわかります。また、藤原京や平城京の造営にあたって、選択的に古墳の保存や削平がなされたことも知られています（今尾二〇〇八）。

しかし、ここで取り上げるのは古墳時代のことなので、そうした事例を取り上げた先行研究としては、木村龍生氏によるものが確認できる程度といえます。木村氏によると、約一〇〇年の時期差をもつ須恵器の出土する古墳が古墳群のなかに一基だけ存在する事例を熊本県で二例確認できるそうです。須恵器《すえき》とは、古墳時代中期に朝鮮半島の陶質土器《とうしつどき》の影響を受けて出現し、窖窯《あながま》で焼成された土器の一種で、硬く焼きしまっていて見た目は灰色であることが一般的です。

この二つの事例では、量は少ないながらも約一〇〇年にわたって須恵器の供献が連綿と継続されていたことが確認されています（木村二〇一〇）。ここで使用された須恵器は、飲食物をお供えするためのものだったと推測されます。

このような古墳における直接的な祭祀行為ではなく、先行して築造された大型古墳を始祖墓と見立てて近傍に群集墳が形成される現象も注目されています（白石二〇〇〇、土生田二〇一〇など）。しかし、こうした始祖墓とみなせる古墳に対して祭祀行為がなされていたのかという点は解明されていません。基本的には、古墳築造後に祭祀が継続されることはなく、築造後の後代に古墳にモノを奉ることは奈良・平安時代の幣帛《へいはく》（供物を奉献すること）をのぞけばほとんどおこなわれなかったと考えられます（高橋二〇一七）。

古墳築造後の古墳祭祀

しかし、古墳築造後の古墳祭祀がまったくおこなわれなかったわけではないことは、すでに示したとおりです。そこで以下では、管見にふれた古墳築造後の古墳祭祀といえる事例について、倭王権中枢域を中心にみていきます。

奈良県桜井市に所在する箸墓《はしはか》古墳は、古墳時代前期前葉（本書の埴輪編年Ⅰ期古相段階）の

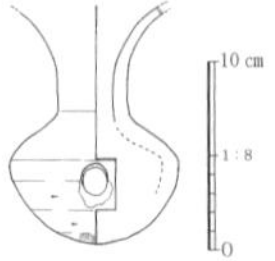

図48　箸墓古墳の須恵器

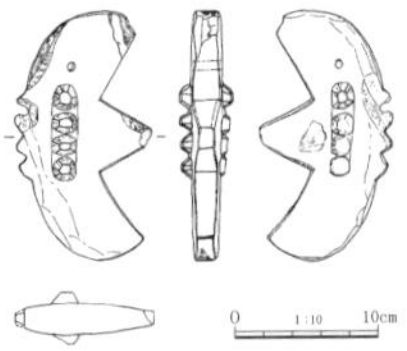

図49　桜井茶臼山古墳の子持勾玉

王墓と考えられる墳長約二八〇メートルの前方後円墳です。この箸墓古墳では前方部墳頂から古墳時代後期後半の須恵器𤭯《はそう》が出土しています（図48）。

箸墓古墳と同様に奈良盆地東南部に位置する桜井茶臼山《さくらいちゃうすやま》古墳は、墳長約一九四メートルの大型前方後円墳です。王墓に準じる階層に位置づけられ、古墳時代前期前葉（本書の埴輪編年Ⅰ期古相段階）に築造されたと考えられます。この桜井茶臼山古墳では、古墳の西側において子持勾玉《こもちまがたま》二点が出土しています（図49）。子持勾玉は、本体となる勾玉に小さな勾玉などが複数付属したもので、祭祀遺跡などから出土することがあります。

この出土した子持勾玉については、古墳築造後にかなりの時間を経てから祭祀がおこなわれた、あるいは近接する鳥見山麓に群集墳を造営した集団が当墳を始祖墓と見立てて祭祀をおこなった、などの可能性が提示されています（千賀一九七七）。子持勾玉を使って祭祀をおこなった理由については不明ですが、桜井茶臼山古墳の存在が何らかのかたちで意識されていたことは間違いありません。また、この子持勾玉に共伴した遺物は工事の際の不時発見ということもあって確認されていませんが、大量に存在していた可能性は低いと思われます。したがって、大がかりな祭祀というよりは小規模な祭祀行為がなされたようです。

渋谷《しぶたに》向山《むかいやま》古墳も奈良盆地東南部に位置する墳長約三〇〇メートルの前方後円墳で、古墳時代前期中~後葉（本書の埴輪編年Ⅱ期古相）に位置づけられる王墓です。この渋谷向山古墳の前方部墳頂の円筒埴輪列で、円筒埴輪の内側から須恵器の𤭯が出土しています（図50）。

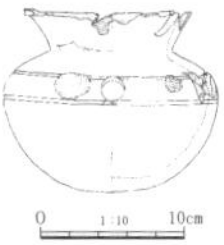

図50
渋谷向山古墳の須恵器

この𤭯は古墳時代中期から後期への移行期（本書の埴輪編年Ⅳ期からⅤ期への移行期）に位置づけられるもので、古墳築造後一〇〇年近く経過してからこのような祭祀行為がなされていたことがわかります。しかし、渋谷向山古墳ではこれ以外に同時期の痕跡は確認されておらず、祭祀行為といってもかなり小規模であったようです。当該期は倭の五王の一人である倭王武の活躍時期に該当し、中国の王朝に朝貢していた時期であるものの、以前の王墓に対して国家的で大がかりな祭祀行為がなされていた痕跡は見出せません。

兵庫県神戸市に所在する五色塚《ごしきづか》古墳は墳長約一九四メートルの前方後円墳で、渋谷向山古墳とほぼ同時期に築造されたと考えられます。倭王権中枢域外の古墳としては、墳丘規模からみて最上位階層に位置づけることができるでしょう。五色塚古墳では西側くびれ部の第二段平坦面付近で三点の子持勾玉が出土しています。また、東側くびれ部では須恵器の坏《つき》身《み》が、北側の周濠では須恵器の甕《かめ》も出土しています（図51）。これらの出土遺物のうち子持勾玉は製作時期がわかりませんが、須恵器は古墳時代後期中葉（本書の埴輪編年Ⅴ期中相）に集中するようであり、この時期に単発で祭祀がおこなわれたようです。

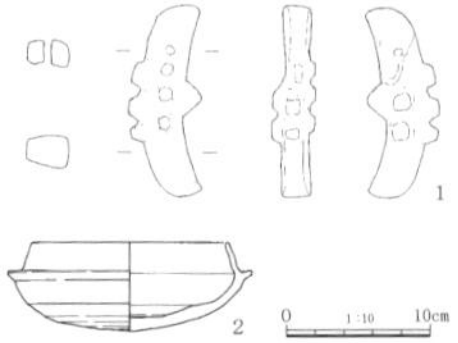

図51
五色塚古墳の子持勾玉と須恵器

大阪府堺市に所在する百舌鳥御廟山《もずごびょうやま》古墳は墳長約二〇三メートルの前方後円墳で、古墳時代中期中葉（本書の埴輪編年Ⅳ期古相）に位置づけられます。この百舌鳥御廟山古墳の造出《つくりだし》上面では古墳時代後期前葉（本書の埴輪編年Ⅴ期古相）に位置づけられる須恵器の高坏《たかつき》が少量出土しています（図52）。百舌鳥御廟山古墳の築造に伴う須恵器は、奈良県ウワナベ古墳に類例があるように、土師質《はじしつ》（素焼きのような）の仕上がりになっている一方で、築造後の須恵器は通常の仕上がりになっています。

希薄な祖先観

ここまで倭王権中枢域やその周辺における古墳築造後の古墳祭祀といえる事例を概観してきました。これらの事例からは、須恵器や子持勾玉を使った祭祀行為が多いという傾向がうかがえます。こうした子持勾玉や須恵器を使った祭祀は古墳よりも祭祀遺跡や集落でみられる祭祀といえます。そういう点で、古墳築造後の古墳でみられる古墳祭祀は人体埋葬に伴う祭祀とは様子が異なるようです。

また、時期についてそれほど明瞭な傾向を見出せるわけではありませんが、しいていえば古墳時代後期前葉と中葉の二時期に古墳築造後の古墳祭祀が比較的多くみられるようです。

ここで気になるのは、古墳築造時の墳丘における祭祀で重要な役割を果たした埴輪では、追葬以外で追加されている例が基本的に確認で

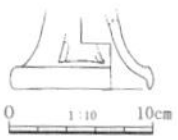

図 52　百舌鳥御廟山古墳の須恵器

きないことです。すなわち、古墳築造後の祭祀は追葬の場合をのぞいて埴輪を使用していないのです。埴輪の使用があくまで埋葬時に限定されるという点は、埴輪の意味を考えるうえで重要といえます。埴輪の意味は基本的に埋葬時における飲食物供献であると考えていいでしょう。

ここで取り上げた古墳築造後の古墳祭祀の事例をみるかぎり、それらは古墳の規模と比較するとかなり小規模な祭祀行為だったことを確認できます。また、倭王権中枢の古墳について花粉分析をもとに築造後の植生を考察した東藤隆浩氏によれば、築造後の古墳に人の手が入ることはなく、自然に植物が生育するままになっていたことがうかがえるそうです（東藤二〇二〇）。

これらのことから王墓やそれに準じる階層に位置づけられる古墳でも小規模な祭祀は確認できるものの、同時代の中国の王朝でみられるような国家的な祭祀や管理がおこなわれていた痕跡は見出せません。

このようにみてくると、古墳が単なる埋葬場所ではなく、祖先祭祀をおこなうとともに、首長権の継承を発揚する場であったとする近藤義郎《こんどうよしろう》氏の見解や（近藤一九八三）、前方後円墳祭祀の成立が〈亡き首長がカミとなって共同体を守護する〉という日本列島に共通する観念の成立であったとみなす広瀬和雄氏の見解（広瀬二〇〇三）は、ここまでみてきた古墳築造後の古墳祭祀の様相と矛盾します。近藤氏や広瀬氏の見解が妥当であれば、古墳築造以後における大規模な古墳祭祀の痕跡がもっと確認されてよいでしょう。

ここまでみてきたことを総合すると、古墳時代前期、中期に日本列島の古墳築造域を覆うような祖先に対する共通意識は希薄なようです。そうした状況が古墳時代後期になると徐々に変化していった様子が、古墳築造後の古墳における祭祀の検討からうかがえます。具体的には、古墳時代後期中葉になると意図的な祖先祭祀が遂行されるようになると考えます。

中国大陸からの思想的影響

古墳時代人の思想を考えるうえで、神仙思想に代表される中国大陸からの思想的影響を認めるか否かは重要な問題といえます。そこで以下では、古墳時代に中国大陸からの思想的な影響を見出せるか否かについて、肯定派と否定派それぞれの意見をみながら考えてみたいと思います。

まず、肯定派からみていきましょう。肯定派は以下のような根拠を示しています。

①古墳から出土する三角縁神獣鏡《さんかくぶちしんじゅうきょう》に西王母《せいおうぼ》などの図像や銘文がみられること（西王母は、神仙思想に登場する仙人で、来世の仙界である崑崙山《こんろんさん》をつかさどるとされる）（図53）

②三角縁神獣鏡の埋葬施設内における配置状況から、神仙思想の導入を指摘できること

③副葬品にみられる折り曲げられた鉄器（図54）は、鏡の代用であり、それは神仙思想に由来すること

④前方後円墳は中国王朝の礼法にのっとったものであること

新山古墳

図 53　三角縁神獣鏡の西王母

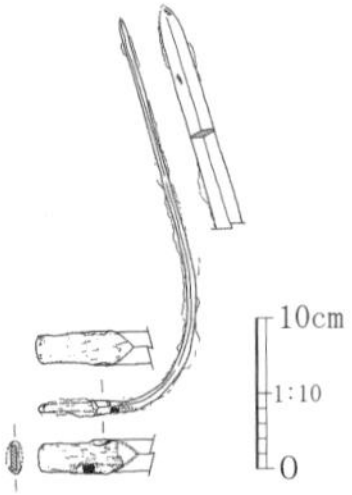

権現山 51 号墳

図 54　折り曲げ鉄器

⑤前方後円墳の形状は、壺にみたてた造形であり、その根源には神仙思想がある
⑥『魏志倭人伝』に記載されている卑弥呼がもちいた鬼道《きどう》とは、道教的なものであること（道教は神仙思想を取り入れている）
⑦古墳の埋葬施設における朱の使用は、道教における不老不死の薬としての朱を意識したものとして理解できること

こうした根拠をあげて、肯定派は中国大陸からの思想的影響を指摘しています。具体的にみていくと、①は『国史大系』などの編纂《へんさん》を手がけたことで著名な歴史学者である黒板勝美氏が古くから主張しています（黒板一九二三）。また、三角縁神獣鏡の研究で著名な福永伸哉氏は①と②をあわせた説を唱えています（福永二〇〇五A）。

③については、弥生時代から古墳時代の副葬品にみられ、神仙術の一つであることが清家《せいけ》章《あきら》氏によって説かれています（清家二〇〇九）。

④は、東洋史の大家である西嶋定生《にしじまさだお》氏の説です。西嶋氏は、「古墳と大和政権」という論文で古墳の形と規模が倭王権による国家的身分秩序の表示であることを指摘して、古墳時代研究にも大きな影響をあたえました。その西嶋氏は、古墳が中国王朝の礼法にのっとったも

ので、官爵に応じた高塚墳墓であることや、前方後円墳が宗廟《そうびょう》（先祖に対する祭祀をおこなう廟）、社稷《しゃしょく》（社＝土地の神をまつる祭壇、稷＝穀物の神をまつる祭壇）、円丘（天をまつる南郊壇）、方丘（地をまつる北郊壇）といった中国の祭祀機能を兼備していたことを指摘していますす（西嶋一九六六）。

⑤を主張しているのは辰巳和弘氏です。辰巳氏は、神仙思想をただ取りこむだけでなく倭人流に改変しており、古墳は神仙思想を反映した葬送習俗であることを指摘しています（辰巳二〇〇九）。

⑥は、重松明久氏が主張しています。重松氏は日本文化史や宗教史を専門としましたが、その後の考古学研究者が重松氏の説を引用しており、大きな影響をあたえたと考えられます（重松一九七八）。

⑦は、すでに本書でも前方後円墳体制などで取り上げている都出比呂志《つでひろし》氏が主張しています。都出氏は朱の使用のほかにも、古墳でみられる三段築成の原理の由来が、中国の郊祀制《こうしせい》（皇帝が天を祭る儀礼）における円丘の多くが三段であることや、神仙思想によって理想的な他界である崑崙山が三層からなることを指摘しています。また、古墳でよくみられる被葬者

の頭部が北を向く現象（北枕の思想）が、儒教の経典の一つである『儀礼《ぎらい》』の「生者南面、死者北面」として死者を北枕に葬るべしとする思想の反映と理解できること、なども根拠として古墳時代に道教や中国の江南地方との関係があったことを指摘しています（都出二〇〇五）。

⑦の朱については、さらに北條芳隆氏が、弥生時代から古墳時代にかけての朱の歴史は、日本列島で神仙思想が理解され定着する過程であることを主張しています（北條一九九八）。また、北條氏は都出氏のいう「北枕の思想」を、後漢代以降に顕在化した北辰信仰の一端に位置づけ、古墳被葬者の頭位を北斗七星の周回軌道内に収めたことを主張しています（北條二〇一七）。

また、ここであげた①〜⑦のほかにも、「鬼道」の器物として福岡県博多遺跡出土の觚《こ》（殷周青銅器の頃から存在する祭祀用の酒器）などが（図55）、中国の江南地方を起源とする初期道教的な要素がもたらされていた証拠として指摘されています（藤井二〇一六）。

図 55
博多遺跡の觚

中国大陸と日本列島は別々の文化だったのか

これだけ肯定派の意見を見続けると、もう肯定派の意見で決まりという気になってしまいますが、続いて否定派の意見をみていきます。否定派は以下のような根拠を示しています。

①そもそも中国大陸と日本列島とは別々の文化である
②鬼道は皇帝祭祀とは異なるので、それを倭王権があえて模倣するのは不可解
③倭鏡の紋様の意味は、中国鏡のそれとはまったく無縁であり、中国思想の浸透は見出せない

こうした根拠をあげて、否定派は中国大陸からの思想的影響を否定しています。具体的にみていくと、①は戦前に『古事記』や『日本書紀』に記載された建国神話を史料批判にもとづいて研究したことで著名な津田左右吉《つだそうきち》氏が主張しています。津田氏は、「神仙思想の研究」という論文も執筆しており、「日本は過去において、支那の文物を多く取り入れたが、決して支那の文化の世界につつみこまれたのではない」ことを主張し、「日本と支那は別々の歴史をもち、別々の文化をもっている、別々の世界」であることを明快に主張しています（津田一九三八）。

②は私の考えですが、その前提として宗教学者である磯前順一氏が、卑弥呼の鬼道は死者の魂と神の両方をまつる祭祀で、皇帝祭祀とは異なることを指摘している点があげられます（磯前二〇一六）。これについて、鬼道とは五斗米道を典型とする民間信仰が基本となっていて、そのような習俗を反映した考古資料は日本列島に存在しないことを門田誠一《もんたせいいち》氏が主張していることも見逃せません（門田二〇一七）。

③は、車崎正彦氏（車崎二〇〇七）や私が主張しています。

また、肯定派が提示した根拠を否定する研究もいくつかあります。たとえば、折り曲げ鉄器については、それが神仙思想の影響とはいえないことを、①折り曲げ鉄器の副葬配置は鏡と異なる、②ほかの鉄器と区別して副葬されていない、③鏡の代用とされる刀剣類を優先して折り曲げていない、④『神仙伝』では刀を折り曲げるがその例が少ない、といった根拠をあげて阿部大誠《あべたいせい》氏が主張しています（阿部二〇一八）。

文献史においても、肯定派の西嶋氏が古墳にみられる要素としてあげていた宗廟や社稷といった祖先祭祀は中国の王朝では皇帝のみに許されたもので、倭国でその存在を想定するのは難しいことが古市晃《ふるいちあきら》氏によって説かれています（古市二〇二一）。

思想は流入しても定着するわけではない

ここまで、古墳時代の日本列島において中国大陸からの思想的影響が見出せるか否かについて、肯定派と否定派それぞれの意見をみてきました。その内容を私の意見も含めてまとめると以下のようなことがいえます。

中国大陸からの思想的影響が主張される古墳の三段築成については、初現期の古墳はさらに多段であることからその影響を認めるのは誤りと考えます。そもそも、同時代である魏の皇帝陵は墳丘がなく、薄葬と呼ばれるように簡素化が進んでいます（ただし、墓道だけは規模が拡大しており、それによって階層性を示したようです）。

北枕の思想は日本列島内でも地域差がありますし、朱の使用も含めて汎世界的にみられる習俗といえます。また、神仙思想では人格神を崇拝の対象としますが、古墳時代は弥生時代に比べても人物絵画に乏しく、人格神を崇拝していた痕跡は見出せません。

これらのことと、中国鏡の紋様や銘文を倭鏡の製作者は理解していなかったとする研究成果、折り曲げ鉄器を神仙思想の影響ではないとする研究成果、古墳時代の日本列島では祖先への意識が希薄で、先帝祭祀をおこなっていた中国大陸とは異なっていたとみる私の見解も加味すれば、中国大陸からの思想の流入があったとしても、古墳時代の日本列島でそれが定着していた様子はないといえます。

具体的な例をあげていうと、古墳から出土する三角縁神獣鏡のなかには仏像が表現されているものがあります。これは、当時の中国においても初期の仏像表現であり、日本列島ではきわめて早い段階での仏像表現といえます。こうした三角縁神獣鏡が出土しているからといって、仏教が日本列島に浸透していたと主張する人はいないと思います。出土量は異なりますが、神仙思想にもとづいた器物が出土しているからといって、神仙思想が日本列島に浸透していたとみなさないのは、これと同じ理屈です。

同様の見解は、下垣仁志《しもがきひとし》氏も示していて、中国鏡について信仰体系として導入するのではなく、アイテムとして断片的に受容していたことを説いています（下垣二〇二二A）。

なお、古墳時代後期になると東アジア情勢の不安定化によって中国系の人々も多く渡来してきたため、神仙思想をうかがわせる遺物や痕跡は若干増えるようです（雲母《うんも》と呼ばれる鉱物片の副葬など）。しかし、それでも思想までが日本列島に定着していたかというと疑問が残ります。のちに律令制や都城制も中国から日本に導入されましたが、そのままでは受け入れられなかったこともこれに近い現象といえるでしょう。中国における都城制は、陵園（皇帝陵や皇后陵のまわりを壁で囲い、陪葬墓や陪葬坑などを計画的に配置すること）とも密接に関連しており、そうした体系的な受容は日本列島では確認できません。

現代でいえば、ハロウィンやクリスマスなども、モノやイベントとしては受容していますが、西洋の思想体系や宗教じたいを受容しているわけではないことに似ているでしょうか。

鈴を好んだ古墳時代人

ここでいう古墳時代人というのは、倭王武（雄略大王）の時代（古墳時代後期前葉）の人々のことです。この時代には、鈴鏡、鈴付馬具、鈴釧といった鈴を伴う製品が多く作られました。しかし、なぜ突然この時期に鈴が好まれるようになったのかはよくわかっていません。

そこで私が注目しているのはこの時代にみられる帯金具です（図56）。この種類の帯金具（ヒト用の腰帯を飾る金具）は日本列島で生産されたという意見が大半ですが、私は中国製なのではないかと考えています（中国で帯金具は身分を表示する機能をもっていたと考えられます）。その根拠として、帯金具で採用されている紋様があります。図56ではよくわからない

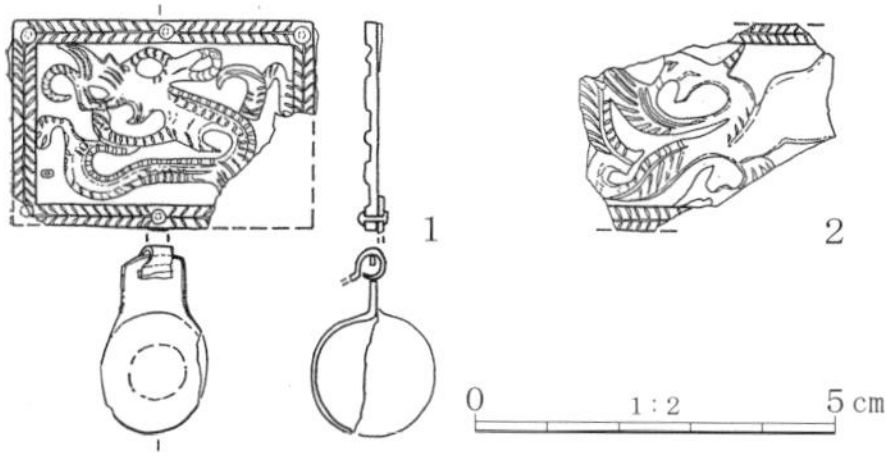

西塚古墳

図56　帯金具

かもしれませんが、1では龍、2では鳳凰がきちんとあらわされています。こうした表現は、図像そのものを正確に模倣することが難しいということもありますが、背景となる思想を理解していないと表現できないものであり、日本列島で自然には発生しえないものといえます。こうした器物が日本列島から出土する経緯としては、中国大陸からのモノか工人の移動を想定できますが、私はモノの移動だったのではないかと考えています。

　というのも、倭王武の時代は第三章でもふれたように、中国の宋に朝貢していました。その見返りの一つとして同型鏡群を受領したのだと考えますが、卑弥呼が朝貢した際の記録を参考にすれば、鏡以外にも多くの物品が下賜《かし》されたのだろうと推測されます。そのなかにここで紹介したような種類の帯金具が含まれていたのではないかと考えます。

この帯金具に付属していた鈴が日本列島で独自にアレンジされ、多くの鈴付製品が倭王武の時代に誕生したのではないかと推測しています。

第六章　歴史のなかの古墳時代

新たな古墳時代像

ここまで埴輪や倭鏡といった出土品や古墳時代人の思想などについてふれてきました。本書でふれたさまざまな器物をみるかぎり、古墳時代の日本列島に中国大陸からの直接的な思想的影響をうかがうことはできません。その一方で、断片的に希少な器物が単なるアイテムとして中国大陸からもたらされることはあったということを、何となくご理解いただけたのではないかと思います。古墳時代には、日本列島に根ざした独自の思想体系にもとづく器物が基本的に生産されていたと考えられます。

以下では、その古墳時代の相対的な位置づけを考えるためのまとめに入りたいと思います。まず第一章から第五章で取り上げてきたことをもとに、私が考える古墳時代像をまとめたいと思います。そのうえでほかの時代やほかの地域との比較をつうじて古墳時代の相対的な位置づけを考えていきたいと思います。

古墳時代のイメージとしては、人々が積極的に古墳築造に参加した牧歌的な印象が流布しつつあるようですが、そうではなく強制的に古墳の築造を強いられたと考えています。また、古墳時代中期を中心に古墳時代をつうじて武器・武具の副葬がみられることから、常備軍の存在が語られることもありますが（藤田二〇〇六など）、仮に軍隊のような機構が存在していたとしても、古墳時代の武器・武具は使用するというより、見せるためのものであったと考えられます。古墳時代は弥生時代に比べて殺傷人骨が圧倒的に少ないので、戦いに明け暮れていたわけではなく、戦乱はわずかであったようです。

本書で取り上げた埴輪と倭鏡は古墳時代をつうじて生産されていた器物です。埴輪はどこでも入手可能な粘土を素材としますが、倭鏡は銅という入手が難しい希少な素材からできています。したがって、倭鏡の生産が倭王権の強い管理下にあったのに対して、埴輪の生産は製品の管理・統制はなされていたものの、生産そのものの管理は土器などの日常品生産に近かったと推測されます。要するに、埴輪と倭鏡とではそれらの生産が示す倭王権の様相や動態が異なることが予想され、それを期待してこの二者を意図的に分析対象としました。

倭王権中枢域における埴輪の画期となるのは古墳時代後期中葉における日置《ひき》荘《しょう》西町《にしまち》窯系の埴輪の登場です。また、超巨大古墳が築造された古墳時代中期は、一般的に倭王権が安定的に発展した段階とされますが、むしろ規範が倭王の代替わりごとに刷新される不安定な様相であったことを指摘しました。この時期は、倭の五王が中国の南朝に朝貢したことが知られていますが、こうした朝貢をおこなうのは政権が不安定ゆえのことかもしれません。卑弥呼が魏に朝貢したのも同様に考えられると思います。なお、倭の五王朝貢後の倭王権は、熊本県江田船山古墳《えたふなやま》や埼玉県稲荷山古墳《いなりやま》出土の刀剣にみられる銘文の「治天下」銘を根拠として、中国を中心とする秩序から離脱して独自の「天下」形成をはかったと理解されることも多いですが、この銘文にみられる「天下」とは単なる支配領域と理解できるようなので（河上二〇一九）、倭王権の内部は朝貢もままならないほどさらに不安定で混乱していたといえそうです。

また、卑弥呼が「共立」された女王であったように、倭王は複数の有力集団のなかから推戴される体制であったと推測されます。このように、古墳時代の王権（倭王権）は大きな断絶なく継承されましたが、強固な体制が一貫して継続したわけではなく、不安定ゆえにさまざまに変化しながら存続したと考えます。

倭鏡もその生産に変動はあるものの、一連のものとして把握できます。最も大きな画期はその生産が終焉する古墳時代後期中葉といえるでしょう。これは埴輪における画期とも一致しており、この時期に倭王権に大きな変化がおとずれたことが推測されます。この時期には祖先観に変化がみられ、祖先祭祀が意図的におこなわれるようになることも本書で取り上げました。

こうした変化は、祖先観の転換だけでなく仏教がもたらされるなど、古墳時代人の思想が変化するとともに、倭王権による人員や地域の把握方法が変化して、氏姓制、部民制、ミヤケ制、国造制などが導入されたこととも無関係ではなさそうです。そして、この時期（欽明朝）に日本列島のある程度の地域を面的に覆う領域国家が成立したとみるのが私の考えです。

また、日本列島に成立したこの領域国家は、すでに隣に成立していた中国王朝という大国の影響によって成立した二次国家的なものではなく（二次国家という概念は、中国大陸と地続きである朝鮮半島などに成立した政体に適用すべきだと考えます）、中国大陸とは海によって切り離されているという地理的特徴もあって、独自の思想・統治体系をもった国家であったと考えます。

弥生時代との違い

弥生時代は古墳時代の前段階に位置づけられる時代で、灌漑を伴う水稲耕作がおこなわれるようになりました。弥生時代になると金属の使用も始まり、「漢委奴国王」金印にみられるように、中国王朝への朝貢もおこなわれました。また、社会の階層化が進展し、都市と呼べるような拠点的な集落が形成されたり、支配者層の大型墳墓も築造されたりするようになりました。

以下では弥生時代と古墳時代の違いについてふれたいと思うので、本書でこれまで取り上げてきた出土品（埴輪、倭鏡、銅鏃など）を中心にみてみましょう。

埴輪は古墳時代をつうじて古墳に設置されていたものですが、すでにふれたように、その起源は弥生時代の岡山県周辺でみられた飲食物供献用の器台（特殊器台）と壺（特殊壺）にあります。したがって、埴輪と特殊器台・特殊壺は異なる器物ではあるものの、系譜的にはつながるものといえます。

倭鏡に関しては、弥生時代と古墳時代ではその製作技術に断絶があるとみるのが一般的です。ただし、弥生時代から日本列島製の青銅鏡が存在していたことは確かで、このようなあり方は埴輪と特殊器台・特殊壺の関係に近いといえます。その一方で、銅鏃は倭鏡と同じ青銅製品ですが、その製作技法は本書でも紹介した連鋳式という方法が弥生時代から古墳時代にいたるまで一般的であったようです（本書で紹介した単品鋳造は例外的といえます）。
また、墳墓で比較してみると、古墳時代の定義でもふれたように、古墳時代の墳墓はその規模が飛躍的に巨大になりましたが、似たような形状の墳墓は弥生時代にも存在していました。

このように、弥生時代と古墳時代の境界は不明瞭です。両者のあいだには明瞭に区分できる要素もあれば、共通性あるいは系譜関係をたどれる要素もあります。したがって、何を重要視するかによって、その継続性を強調することになるのか、あるいは断絶性を強調することになるのか、その匙加減で異なってしまう微妙な状況といえます。

同様のことは、どの時期から国家と呼べるものが成立したかということについてもいえます。弥生時代になるとあらわれる拠点的な集落は都市と呼べるものであり、その点で都市国家（拠点集落を中心として小地域内に形成された政治的共同体）が誕生している状態といえます。その一方で、古墳時代の後期中葉（欽明朝）には日本列島の東北地方南部から九州地方南部を面的に覆う国家が成立したとみるのが私の考えです（加藤二〇二一）。ここでいう国家とは弥生時代の都市国家とはその性質が異なり、領域国家と呼べるものといえます。

この都市国家と領域国家という概念はB・トリッガー氏によるものですが（トリッガー二〇一九）、この概念を日本列島にあてはめた説明を下垣仁志《しもがきひとし》氏がおこなっています。下垣氏によれば、古墳時代中期に倭王権の内部領域に国家が誕生し（畿内国家）、古墳時代後期には日本列島を覆うような領域国家（列島国家）が成立したと理解できるようです（下垣二〇二二A）。私が日本列島における国家の成立として考えるのは後者のことであり、その時期を古墳時代後期中葉と考えることはすでに示したとおりです。

飛鳥・奈良時代（律令時代）との違い

前方後円墳が築造されなくなるとともに古墳時代は終焉をむかえますが、その後も古墳は築造されています。飛鳥美人の壁画発見やその後の劣化などで知られる奈良県高松塚古墳などは飛鳥時代の古墳（終末期古墳）になります。この終末期古墳は、円墳や方墳、そして八角形墳となり、墳丘の規模はかなり小さくなるとともに、副葬品の種類や数も減少します。

一般的にモニュメントとしての古墳は、寺院に取って代わられる地域が多いようです。ただし、古墳時代に古墳が果たしていた役割を、そのまま寺院が引き継いだわけではないことに注意しておく必要があると思います。

古墳築造は飛鳥時代にも継続し、さらに古墳と寺院のあいだに何かしらの関連が認められるということであれば、古墳時代と飛鳥・奈良時代には断絶だけでなく連続性も指摘できます。文献史学においては、石母田正《いしもだしょう》氏の構想した古代国家について、「邪馬台国・卑弥呼以来の支配形態が国家構造の中に保存され」、「律令国家のなかにも伝統的なあり方が残っている」ことが大津透《おおつとおる》氏によって指摘されています（大津二〇一三）。

また、この時期は律令国家が成立する時期であり、律令国家の成立をもって日本列島における国家の成立とみる意見が多いと思います。しかし、その根幹となる律令制がすぐに形骸化してしまうのも確かです。

中国大陸の影響

古墳時代の前後にあたる時期の比較をおこなったので、次に関係のあった同時代の他地域との比較をおこなうために、中国との比較をしたいと思います。

前章で取り上げた神仙思想の流入についても同様ですが、古墳時代研究では中国からの直接的な影響を必要以上に重視しているように思います。また、影響だけでなく比較・検討する際にもその背景などについての考察が不十分な場合が多いと感じます。

こうしたことに関連して、中国考古学が専門で古墳時代研究にも精通する上野《うえの》祥史《よしふみ》氏が興味深い指摘をおこなっています。上野氏は、古墳じたいが築造に力点が置かれていて、その維持・継続については意識が薄いモニュメントであり、古墳研究も築造という一面に集中する傾向があるとともに、運用（維持・継続）の視点で比較する意識が弱いことを指摘しています。また、中国の皇帝陵は築造だけでなく、築造後に儀礼が継続し、存続することにも意義があるという点で、古墳とは大きく異なるようです（上野二〇二〇）。前章でもふれたように、時期的に変化はあるものの、中国の皇帝陵では墳墓だけでなく、廟《びょう》や寝《しん》などを含む陵園が整備され、それらが一体となって陵が形成されています。そうした意味で、日本の古墳と中国の皇帝陵を単純に墳墓のみで比較しているだけではその本質を見誤る可能性があるのではないでしょうか。

現代におけるクリスマスやハロウィンのように、イベントやモノが流入していても西洋的な思想体系や信仰を受容しているわけではないことと同様に、古墳時代人は中国製の器物そのものをアイテムとして導入することはあっても、その背景にある中国の思想や制度まで導入した形跡は希薄といえそうです。

古墳時代と江戸時代の類似性

古墳時代、なかでも古墳の形状や規模によって倭王権内での序列が明示された前方後円墳体制を説明する際に、ほかの時代にたとえられることがよくあります。

その代表的な例をみてみましょう。

前方後円墳体制を提唱した都出比呂志《つでひろし》氏は、古墳の形状と規模による二重の身分表示方法を、江戸時代の大名が徳川家との親密度を基準に親藩、譜代、外様と格付けされ、かつ実力が石高で表示されたことにたとえています（都出二〇一一）。

また白石太一郎《しらいしたいちろう》氏は、各地の大名が徳川将軍家を中心に幕藩体制を形成していた江戸時代と、列島各地の首長たちが畿内の大和・河内の大首長、すなわち大王を中心に首長連合を形成していた古墳時代はよく似たところがある、と述べています（白石二〇〇九）。

このように古墳時代研究を代表する研究者たちが古墳時代の前方後円墳体制を江戸時代の

幕藩体制になぞらえて説明しているのは、なぜでしょうか。単にたとえるのに適当だったからかもしれませんが、そうともいえないと考えられます。

江戸時代は徳川幕府（将軍）が各地の藩（大名）に一定の権限を委譲しつつ全国支配を確立した時代といえます。こうした構図は古墳時代の倭王権（倭王）と各地の有力集団（首長）のあり方と同様といえます。このように、古墳時代と江戸時代とでは支配階層の構造は異なるものの、おおまかにみれば諸地域や人員を統治する方法が類似しているといえるのではないでしょうか。

江戸時代は年貢や夫役の負担が重かったとされることもあります。こうした状況は、古墳時代にもあてはまると考えます。第一章で、最近は古墳の築造を強制的な労働とみるのではなく、民衆が積極的に参加できる経済的な政策であり、積極的に古墳築造に参加するような牧歌的なイメージが流布しつつあることを紹介し、それに対して否定的な見解を述べました。やはり、江戸時代の様子から考えてみても、古墳は強制的な労働による産物であったのだと考えます。

律令時代と江戸時代の類似性

古墳時代と江戸時代の類似についてふれましたが、さらにその前では古墳時代と律令時代の連続性についてもふれました。ここで取り上げるのは律令時代と江戸時代とのあいだにも類似性や連続性を見出す意見があることです。

法制史家の水林《みずばやし》彪《たけし》氏は、「律令天皇制における人的身分制的統合秩序は、大化前代のそれを踏襲して二重構造」、すなわち「①畿内勢力内部における〈天皇—貴族〉の支配服属関係と、②畿内勢力が全体として畿外の在地首長層を支配する関係」になっており、これを「あたかも、徳川将軍と譜代大名・旗本とのパーソナルな支配関係からなる徳川勢力が全体として外様諸大名を支配するごとく」と表現しています（水林二〇〇六）。

また、中世史家の石井《いしい》進《すすむ》氏は、律令国家の成立が「歴史の大きな先取りとして機能し、近世幕藩制国家のなかに一種の結実をみる」ということを指摘しています（石井一九七六）。

このようにみてくると、大局的な見方をすれば古墳時代から江戸時代までを一つのまとまりとして把握することができるのではないか、という気になってしまうのは私だけでしょうか。実際にさきほどふれた水林氏は、中央政権の地方支配は近世幕藩体制においてようやく実現したとみることが可能であることを指摘しています（水林二〇〇六）。

「古代」はあえて使わない

実は古墳時代を説明する際によく使われるある言葉を私は使わないようにしています。それは「古代」という言葉です。古代というと、一般的にいえば古い時代のことを指すと思いますが、歴史用語としては古代・中世・近代（現代）あるいは原始・古代・中世・近世・近代・現代といった歴史区分の一つとして使われることが多いでしょう。具体的にいうと、古代とは世界史でいうところの文明の誕生から封建社会の成立までのことで、日本史では飛鳥・奈良・平安時代を指すことが多いかと思います。

また日本では、「考古学は、ともすれば古代のロマンなどという感情にながされがち」と田中琢《たなかみがく》氏もいうように（田中琢二〇一五）、古代という言葉には憧憬や礼賛といった意識が投影されがちだと思います（意図的かそうでないかは別にして）。そうした色合いが入りこむ余地をなくしたいと思うので、日本列島における歴史を語る際、私は古代という言葉の使用を意図的に避けるようにしています。

しかし、よく考えると世界史における古代が文明の誕生から始まるのに対して、日本史では飛鳥時代から始まるとするのは、おかしくないでしょうか。

こうした疑問を表明し、明快に論じたのが井上《いのうえ》章一《しょういち》氏です。井上氏は日本史と東洋史の歴史区分を起点として論を展開します。簡単にまとめるのは難しいですが、戦後の日本で優勢だったマルクス主義的な歴史観では、ある時代が古代なのか中世なのかの指標は生産様式で決められるため、奴隷制なら古代、農奴制（封建制）なら中世となるはずであり、三世紀の邪馬台国時代以降を中世として位置づけ、日本列島に古代という歴史区分は存在しなかったという見解を井上氏は提唱しています（井上二〇〇八）。

ここで振り返りたいのは、本書ですでに否定した古墳築造を公共事業とみる説です。この説だと強制的に労働させられた人はいないはずなので、奴隷制は存在しなかったと思われます（古墳築造以外のところで奴隷が使役されたとする意見もあるかもしれませんが、そうしたことは想定しにくいと考えます）。マルクス史観を前提として、古墳公共事業説をとるのであれば古墳時代はすでに古代を脱却して中世に位置づけることができそうです。

しかし、古墳公共事業説については否定しました。また、古墳が奴隷によって築造されたと考えるわけではないこともすでに述べたとおりです。古墳は、奴隷ではないけれども、首長の権力によって労働を強要させられた人々によって築造されたのではないかと考えます。したがって、奴隷制の存在じたいは想定していないので、結果的には古墳公共事業説と同様に、古墳時代は古代を脱し、中世段階に突入していたのではないかと考えます。

古墳時代研究と国家形成

日本列島における古墳時代の国家形成過程を論じる際、律令国家の成立をもって国家段階とみなす従来の枠組みを前提に検討していくことが一般的です。しかし、本来であれば、律令国家の成立を国家段階とみなすことを自明とする従来の枠組みそのものについても検討の俎上にのせるべきでしょう。同様のことは広瀬和雄氏によっても指摘されています（広瀬二〇〇九）。以下では予察的に少し考えておきたいと思います。

日本列島の広範囲にいきわたるような国家体制は、古代の律令体制、中世の権門体制、近世の幕藩体制へと変遷したとよくいわれるように、日本列島における最初の国家体制とされることの多い律令体制の成立は一時代を画することが強調されがちなようです。

しかし、本書の検討では古墳時代の後期中葉（欽明朝）には日本列島のある程度を面的に覆う領域国家が成立していたと考えられます。また、すでにふれたように古墳時代と江戸時代は類似しているようですし、律令時代と江戸時代も同様のことが指摘されています。

したがって、こうした見解にのっとるのであれば、律令国家を国家形成過程の最初の到達点として考えることについては疑問符がつきます。また、古代・中世・近世といった歴史区分を無批判に使用することにも問題があるといえるでしょう（保立二〇一六）。こうした従来の歴史区分に対する違和感は、すでにふれた日本に古代はなかったとする井上章一氏の主張と共鳴するものといえます。

近年では、古墳時代を専門とする考古学者でも井上氏の主張に肯定的な人も出てきています。たとえば、松木武彦《まつぎたけひこ》氏は古墳時代以降を中世とみる見解を提示しています（松木二〇一七）。また、文献史学の保立道久《ほたてみちひさ》氏は「ほぼ邪馬台国以降、平安時代末期くらいまでの日本史上の時代は、世界史上の『中世』に属するほかない」とする見解を示しています（保立二〇一五）。

このようにみてくると、従来の歴史区分や国家成立論では古代を重要視することが知らず知らずのうちに当然のものとなっていたとみることも可能でしょう。古代という語句に憧憬などの意味が含まれがちであることはすでに指摘しましたが、同様のことを松木氏も指摘しています。松木氏は「みずからの『国』や『民族』の黎明期こそを『古代』とよびたく思う精神的な大前提は、どの国や民族にもある。日本の場合を考えてみると、国の黎明期に君臨した古い天皇たちの墳墓が『古墳』として残された時代、すなわち古墳時代こそが『古代』の始まりだとする思考が、より深く受け入れられることになった」のではないかとしています（松木二〇一二）。

その正否については人それぞれで色々な意見があると思いますが、日本列島における国家形成や国家成立を考えるのであれば、ここでふれてきたような歴史区分の問題点や「古代」の意味するところについて自覚的である必要があると思います。

また、古墳時代研究にかぎらず、日本考古学の特徴として無意識のうちに発展段階的な思考におちいりがちである点もあります。これについては、高度経済成長といった戦後の日本をとりまく社会状況とも無縁ではないのかもしれません。戦後の高度経済成長期と発展段階的な唯物史観は結果的にみれば親和性が高かったといえます。そのような意味では、バブル経済崩壊後の停滞した雰囲気のなかで育った世代（私を含む）にとっては、発展段階的な思考はなじみが薄いといえます。

植民地主義に対する反省を経た文化人類学などでは、学問のもつ政治性に意識的であるべきということが説かれてひさしいですが、発展段階的な思考になじみの薄い私のような世代でも、知らず知らずのうちに日本考古学に伝統的な思考回路におちいっていることに気づくことが時としてあります。そもそも、古墳時代を扱うことを無条件に国家形成と結びつけてしまうことじたいが、そのような罠におちいっているといえるのかもしれません。

日本列島における国家形成過程の再構築と歴史区分

ここまでふれてきたことを、古墳時代研究をおこなってきた私があえてまとめるならば、日本列島における国家形成は以下のような過程で推移したと考えます。

まず、弥生時代後期になると都市といえる規模の集落が出現します。たとえば、JR博多駅の南東側に所在する福岡市比恵《ひえ》・那珂《なか》遺跡群では、直線的な道路も確認されています（久住二〇一八）。そして、この段階が都市国家の段階に位置づけられると考えます。そして、古墳時代後期中葉になると、本書でふれたように日本列島のある程度を面的に覆う領域国家が成立したようです。これを日本列島の国家形成における一定の到達点とみることもできると思います。

その後、この領域国家の体制は律令体制、権門体制、幕藩体制と変遷します。この推移は、安定的・発展的であったと感じがちですが、古墳時代以降の国家体制はそれほど安定的な状況とはいえず、幕藩体制によって初めて長期的な安定をみたと理解します。すなわち、幕藩体制の成立が日本列島における領域国家の完成形であったと考えます。

そして、ここで取り上げた弥生時代後期から江戸時代にいたる期間を歴史区分としての中世と認識できるのではないかと考えています。ただし、これはあくまで日本列島における国家形成という観点による時代区分です。したがって、別の基準で考えれば異なる時代区分も当然可能だと思います。

日本列島ではこのような国家形成の歴史があったうえで、強烈な外部からのインパクトによって明治時代に西洋的な中央集権国家が新たに誕生し、現代にいたっているといえるでしょう。日本列島に生きる人々や風土になじむ国家のあり方を考えるとき、幕藩体制が領域国家としての一つの到達点であるとすれば、より地域に権限を委譲したあり方が自然なのかもしれません。

あとがき

幸運にも二〇二〇年、二〇二一年と立て続けに単著を上梓する機会に恵まれたが、そこで知的体力を使い果たし、その後はお茶でいえば「出がらし」のような状態だった。そのため、しばらくは論文の執筆といった「出力」よりも、知見や情報を蓄える「入力」に専念したい（というよりむしろ、しなければならない）と思っていた。

本書の執筆依頼を頂戴したのは、そのような頃だった。正直いってかなり悩んだものの、新書を執筆できる機会はこれを逃すともうないだろうと思い承諾したが、なかなか筆は進まなかった。それでもなんとか本書を書きあげることができたのは、今まで私がふれてきた出土品や、発掘することのできた遺跡（古墳）のもつ力によるところが大きい。振り返ってみると、貴重な出土品の整理作業や重要な遺跡の発掘調査にたずさわる機会に私はとても恵まれていたと思う。そうした出土品や遺跡のもつ力、あるいはそれにまつわる人々との関係によって私の研究が成立していることを痛感する。

なお、本書には、二〇二二年に東京女子大学でおこなった「考古学（日本）」の講義や出雲市でおこなった講演の内容も含まれている。社交辞令だとは思うが、受講後に頂戴した多くの好意的な感想や建設的な意見は本書を書き進める原動力となった。方鏡については車崎正彦氏からご教示賜った。また、編集の畑ひろ乃さんによる執筆スケジュールの的確な管理や内容に関するコメントがなければ、本書を書きあげることはできなかったと思う。これまで私にかかわってくださった方々、モノ、遺跡（古墳）に感謝したい。

本書を執筆することで、自分にとっての古墳時代研究の課題もたくさんみえてきた一方で、自分のなかにおける古墳時代研究がひと区切りついた感がしなくもない。最近は江戸時代から戦前にかけての文化財やそれを取り巻く好古家などにも関心があるので、そちらに注力するのもいいし、まったく別の世界に一歩を踏み出すのもいいかもしれない、などとあれこれ考える。

早いもので、考古学を学び始めてから四半世紀が過ぎた。次の四半世紀はどのような展開になるのか、自分でも想像がつかないが、のちに振り返ったときに本書の刊行が一つの区切りであったといえるように、次の四半世紀でも研究を進めていきたいと思う。

二〇二三年九月

加藤　一郎

引用・参考文献

青木あかね　二〇〇三「古墳出土革盾の構造とその変遷」『古文化談叢』第四九集、九州古文化研究会
阿部大誠　二〇一八「「折り曲げ鉄器」の性格と鉄器生産」『フォーラム人文学』一五、大阪市立大学文学部・文学研究科教育促進支援機構
石井進　一九七六「中世社会論」『岩波講座日本歴史』八、岩波書店
石田茂輔　一九七〇「景行天皇陵出土の須恵𤭯」『書陵部紀要』第二二号、宮内庁書陵部
磯前順一　二〇一六「卑弥呼の鬼道」『纒向発見と邪馬台国の全貌』角川文化振興財団
犬木努　二〇一五「西都原古墳群の埴輪―「平成調査」から「大正調査」へ―」『西都原古墳群　総括報告書』宮崎県教育委員会
井上章一　二〇〇八『日本に古代はあったのか』角川学芸出版
今尾文昭　二〇〇八『律令期陵墓の成立と都城』青木書店
岩本崇　二〇一〇「三角縁神獣鏡の仿製鏡」『遠古登攀』同刊行会
上野祥史　二〇一九「後漢・三国鏡の生産動向」『銅鏡から読み解く2～4世紀の東アジア』勉誠出版
上野祥史　二〇二〇「古代中国の皇帝陵」『日本の古墳はなぜ巨大なのか』吉川弘文館
大阪府教育委員会　一九八一『応神陵古墳外堤発掘調査概要』
大阪府教育委員会　一九九二『大水川改修にともなう発掘調査概要・Ⅸ』

大阪府教育委員会・大阪文化財センター　一九九五『日置荘遺跡』
大津透　二〇一三「古代史への招待」『岩波講座日本歴史』第一巻、岩波書店
加藤一郎　二〇〇八「大山古墳の円筒埴輪」『近畿地方における大型古墳群の基礎的研究』六一書房
加藤一郎　二〇一三「津堂城山古墳出土の不明銅製品について」『津堂城山古墳』藤井寺市教育委員会
加藤一郎　二〇一八「大槻磐溪旧蔵三角縁神獣鏡の来歴と近世における古鏡の保有・流通・研究」『考古学雑誌』第一〇一巻第一号、日本考古学会
加藤一郎　二〇二一『倭王権の考古学』早稲田大学出版部
加藤一郎　二〇二三「王陵級古墳の埴輪生産組織像」『季刊考古学』第一六三号、雄山閣
河上麻由子　二〇一九『古代日中関係史』中央公論新社
川西宏幸　一九七八・七九「円筒埴輪総論」『考古学雑誌』第六四巻第二・四号、日本考古学会
川西宏幸　一九九〇「儀仗の矢鏃」『考古学雑誌』第七六巻第二号、日本考古学会
川西宏幸　二〇〇四『同型鏡とワカタケル』同成社
木村龍生　二〇一〇「〝オマツリ〟のための古墳」『古文化談叢』第六五集（二）、九州古文化研究会
久住猛雄　二〇一八「列島最古の「都市」」『古墳時代における都市化の実証的比較研究』大阪歴史博物館他
宮内庁書陵部　二〇一七『宇和奈辺陵墓参考地旧陪冢ろ号（大和6号墳）出土遺物の整理報告』
車崎正彦　二〇〇〇「古墳祭祀と祖霊観念」『考古学研究』第四七巻第二号、考古学研究会
車崎正彦　二〇〇二「漢鏡」『考古資料大観』第五巻、小学館
車崎正彦　二〇〇四「埴輪の構造」『王の墓と奉仕する人びと』山川出版社
車崎正彦　二〇〇七「家屋紋鏡を読む」『考古学論究』真陽社

黒板勝美 一九二三「我が上代に於ける道家思想及び道教について」『史林』第八巻第一号、史学会
神戸市教育委員会文化財課 二〇〇六『史跡五色塚古墳 小壺古墳発掘調査・復元整備報告書』
小南一郎 一九七八「鏡をめぐる伝承」『日本古代文化の探求・鏡』社会思想社
近藤義郎 一九八三『前方後円墳の時代』岩波書店
近藤義郎・春成秀爾 一九六七「埴輪の起源」『考古学研究』第一三巻第三号、考古学研究会
堺市文化観光局世界文化遺産推進室（編）二〇一五『百舌鳥古墳群測量図集成』
坂口浩司 二〇一五「孫太夫山古墳の調査」『百舌鳥古墳群の調査』8、堺市教育委員会
坂本太郎他 一九六七『日本書紀』上、日本古典文学大系六七、岩波書店
重松明久 一九七八『古墳と古代宗教』学生社
實盛良彦 二〇一二「斜縁神獣鏡・四獣鏡の製作」『考古学研究』第五九巻第三号、考古学研究会
篠川賢 二〇〇一『大王と地方豪族』山川出版社
下垣仁志 二〇〇四「河内王朝論と玉手山古墳群」『玉手山7号墳の研究』大阪市立大学日本史研究室
下垣仁志 二〇一一『古墳時代の王権構造』吉川弘文館
下垣仁志 二〇一二「考古学からみた国家形成論」『日本史研究』第六〇〇号、日本史研究会
下垣仁志 二〇一六『日本列島出土鏡集成』同成社
下垣仁志 二〇二二A『鏡の古墳時代』吉川弘文館
下垣仁志 二〇二二B「古墳公共事業説批判」『季刊考古学』第一五九号、雄山閣
城倉正祥 二〇〇九『埴輪生産と地域社会』学生社
白石太一郎 一九九九『古墳とヤマト政権』文藝春秋

白石太一郎　二〇〇〇『古墳と古墳群の研究』塙書房
白石太一郎　二〇〇九「奈良大文化財学科の五年間」『文化財学報』第二七集、奈良大学文学部文化財学科
新開義夫　二〇一二「アリ山古墳の調査」『石川流域遺跡群発掘調査報告ＸＸⅦ』藤井寺市教育委員会事務局
杉井健　二〇一四「前方後円墳体制論の再検討」『古墳時代の考古学』九、同成社
杉本宏　一九九〇「庵寺山古墳平成元年度発掘調査概要」『宇治市埋蔵文化財発掘調査概報』第一五集、宇治市教育委員会
清喜裕二　一九九八「福井県西塚古墳出土品調査報告」『書陵部紀要』第四九号、宮内庁書陵部
清家章　二〇〇九「折り曲げ鉄器の副葬とその意義」『待兼山論叢』第三六号史学篇、大阪大学大学院文学研究科
高田貫太　二〇一七『海の向こうから見た倭国』講談社
高田健一　二〇一三「銅鏃」『古墳時代の考古学』四、同成社
高橋照彦　二〇一七「記紀と考古学の接点からみた河内政権論」『検証！河内政権論』堺市文化観光局文化部文化財課
瀧瀬芳之　一九九〇「馬鐸について」『東川端遺跡』埼玉県埋蔵文化財調査事業団
立木修　一九九四「後漢の鏡と三世紀の鏡」『日本と世界の考古学』雄山閣
辰巳和弘　二〇〇九「古墳と神仙思想」『國文學』五四巻六号、学燈社
田中智子　二〇〇八「ウワナベ古墳系列の埴輪をめぐる諸問題」『吾々の考古学』和田晴吾先生還暦記念論集刊行会
田中晋作　二〇〇九『筒形銅器と政権交替』学生社

田中琢 二〇一五『考古学で現代を見る』岩波書店
千賀久 一九七七「桜井茶臼山古墳西側出土の子持勾玉」『青陵』三三、橿原考古学研究所
辻田淳一郎 二〇一八『同型鏡と倭の五王の時代』同成社
辻田淳一郎 二〇一九『鏡の古代史』KADOKAWA
津田左右吉 一九三八『支那思想と日本』(初版)、岩波書店
都出比呂志 一九九一「日本古代の国家形成論序説」『日本史研究』第三四三号、日本史研究会
都出比呂志 一九九三「前方後円墳体制と民族形成」『待兼山論叢』第二七号、史学篇、大阪大学文学部
都出比呂志 一九九六「国家形成の諸段階」『歴史評論』第五五一号、校倉書房
都出比呂志 二〇〇五『前方後円墳と社会』塙書房
都出比呂志 二〇一一『古代国家はいつ成立したか』岩波書店
角田文衞 二〇〇五『古代学の展開』山川出版社
角田文衞 二〇〇七『平城時代史論考』吉川弘文館
天理市教育委員会 二〇〇〇『西殿塚古墳・東殿塚古墳』
土井和幸他 二〇一〇「史跡 収塚古墳の調査」『百舌鳥古墳群の調査』3、堺市教育委員会
東藤隆浩 二〇二〇「古墳の築造とその周辺植生」『館報』二三、大阪府近つ飛鳥博物館
藤間生大 一九六八『倭の五王』岩波書店
奈良県教育委員会 一九五九『室大墓』
奈良県立橿原考古学研究所(編) 一九九六『中山大塚古墳』奈良県教育委員会
新納泉 二〇一八「前方後円墳の設計原理と墳丘大型化のプロセス」『国立歴史民俗博物館研究報告』第二一一

一集、国立歴史民俗博物館
西嶋定生　一九六一「古墳と大和政権」『岡山史学』第一〇号、岡山史学会
西嶋定生　一九六六「古墳出現の国際的契機」『日本の考古学　古墳時代（上）』の月報、河出書房
橋本達也　二〇一二「古墳築造周縁域における境界形成」『考古学研究』第五八巻第四号、考古学研究会
土生田純之　二〇一〇「始祖墓としての古墳」『古文化談叢』第六五集（一）、九州古文化研究会
濱田耕作　一九二二『通論考古学』大鐙閣
坂靖　一九九四「奈良県の円筒埴輪」『橿原考古学研究所論集』第一一、吉川弘文館
坂靖　二〇〇九『古墳時代の遺跡学』雄山閣
日高慎　二〇一二「葬送儀礼」『古墳時代研究の現状と課題』上、同成社
日高慎　二〇二二「埴輪群像のなかに被葬者はいないのか」『埴輪研究会誌』第二六号、埴輪研究会
尾藤正英　一九九二『江戸時代とはなにか』岩波書店
兵庫県教育委員会　二〇一〇『史跡茶すり山古墳』
広瀬和雄　二〇〇三『前方後円墳国家』角川書店
広瀬和雄　二〇〇九「古墳時代像再構築のための考察」『国立歴史民俗博物館研究報告』第一五〇集、国立歴史民俗博物館
広瀬和雄　二〇一〇『前方後円墳の世界』岩波書店
廣瀬覚　二〇二一「埴輪配列論再考」『季刊考古学』第一五七号、雄山閣
福岡市教育委員会　一九九一『博多21』
福永伸哉　二〇〇五A『三角縁神獣鏡の研究』大阪大学出版会

福永伸哉 二〇〇五B「倭の国家形成過程とその理論的予察」『国家形成の比較研究』学生社
福永伸哉他 二〇〇三『シンポジウム三角縁神獣鏡』学生社
藤井寺市教育委員会(編) 二〇一四『仲哀天皇陵古墳』
藤井寺市総務部世界遺産登録推進室(編) 二〇一五『古市古墳群測量図集成』
藤井康隆 二〇一六「三国両晋時期の中国文物と古墳時代前期の倭」『前期古墳編年を再考するⅢ』中国四国前方後円墳研究会
藤岡市教育委員会(編) 一九八六『白石稲荷山古墳』
藤岡市教育委員会(編) 一九八七『白石稲荷山古墳』
藤岡市教育委員会(編) 一九八八『伊勢塚古墳・十二天塚古墳』
藤沢敦 二〇〇一「倭の周縁における境界と相互作用」『考古学研究』第四八巻第三号、考古学研究会
藤田和尊 二〇〇六『古墳時代の王権と軍事』学生社
藤本強 二〇〇九『日本列島の三つの文化』同成社
古市晃 二〇二一『倭国』講談社
北條芳隆 一九九八「神仙思想と朱と倭人」『考古学ジャーナル』第四三八号、ニュー・サイエンス社
北條芳隆 二〇〇〇「前方後円墳と倭王権」『古墳時代像を見なおす』青木書店
北條芳隆 二〇一七『古墳の方位と太陽』同成社
保立道久 二〇一五『中世の国土高権と天皇・武家』校倉書房
保立道久 二〇一六「日本史の時代名と時代区分」『地歴・公民科資料』No.八三、実教出版
松木武彦 二〇一一『古墳とはなにか』角川学芸出版

松木武彦　二〇一七「古墳時代は「中世」？」『歴博』二〇四号、国立歴史民俗博物館
水林彪　二〇〇六『天皇制史論』岩波書店
本村豪章　一九七七「近江出土の異形青銅器」『考古学雑誌』第六三巻第三号、日本考古学会
森浩一　一九七八「編者のことば」『日本古代文化の探求・鏡』社会思想社
森浩一　二〇一一『天皇陵古墳への招待』筑摩書房
森下章司　一九九一「古墳時代仿製鏡の変遷とその特質」『史林』第七四巻第六号、史学研究会
森下章司　一九九三「火竟銘仿製鏡の年代と初期の文字資料」『京都考古』第七三号、京都考古刊行会
森下章司　二〇〇二「古墳時代倭鏡」『考古資料大観』第五巻、小学館
森下章司　二〇一二「鏡」『講座日本の考古学』八、青木書店
森下章司　二〇一六『古墳の古代史』筑摩書房
森田克行（編）一九九三『新池』高槻市教育委員会
門田誠一　二〇一七「卑弥呼の鬼道に関する歴史考古学的検討」『佛教大学宗教文化ミュージアム研究紀要』
　第一三号、佛教大学宗教文化ミュージアム
吉澤則男　二〇一一「栗塚古墳」『羽曳野市内遺跡調査報告書―平成20年度―』羽曳野市教育委員会
陵墓調査室　二〇一〇「百舌鳥陵墓参考地　墳丘裾護岸その他整備工事に伴う事前調査」『書陵部紀要』第六
　一号〔陵墓篇〕、宮内庁書陵部
陵墓調査室　二〇一一「小奈辺陵墓参考地　墳塋裾護岸その他整備工事に伴う事前調査」『書陵部紀要』第六
　二号〔陵墓篇〕、宮内庁書陵部
陵墓調査室　二〇一四「東百舌鳥陵墓参考地整備工事予定区域の事前調査」『書陵部紀要』第六五号〔陵墓

篇〕、宮内庁書陵部
若狭徹　二〇〇七『古墳時代の水利社会研究』学生社
B・トリッガー　二〇一九『世界の初期文明』同成社
E・ホブズボウム他編　一九九二『創られた伝統』紀伊国屋書店

挿図出典

図1　都出二〇〇五をもとに筆者トレース
図2～8・17～18・28・33・37・41　筆者作成
図9　1：筆者トレース、2：坂一九九四、3：奈良県立橿考研（編）一九九六、4：杉本一九九〇、5：陵墓調査室二〇一一、6：吉澤二〇一一、7：陵墓調査室二〇一四、8：藤井寺市教委（編）二〇一四、9：森田（編）一九九三、10：大阪府教委他一九九五
図10　大阪府教委一九九二
図11　宮内庁書陵部二〇一七
図12　藤井寺市総務部世界遺産登録推進室（編）二〇一五
図13　1：大阪府教委一九八一、2：大阪府教委一九九二、3：吉澤二〇一一、4：新開二〇一二
図14　犬木二〇一五
図15　藤岡市教育委員会（編）一九八六、一九八七、一九八八
図16　1：堺市文化観光局世界文化遺産推進室（編）二〇一五、2・3：加藤二〇〇八、4～6：土井他二〇一〇、7～9：坂口二〇一五
図19・43～46　兵庫県教委二〇一〇
図20～23　宮内庁書陵部提供（宮内庁書陵部蔵）

図24・26・29〜32・34　筆者撮影（東京国立博物館蔵）
図25・40・53　筆者撮影（宮内庁書陵部蔵）
図27　森下一九九三
図35　瀧瀬一九九〇
図36　下垣二〇二二A
図38　奈良県教委一九五九
図39　本村一九七七
図42　天理市教委二〇〇〇
図47・48　筆者作成（宮内庁書陵部蔵）
図49　千賀一九七七
図50　石田一九七〇
図51　神戸市教委二〇〇六
図52　陵墓調査室二〇一〇
図54　清家二〇〇九
図55　福岡市教委一九九一
図56　清喜一九九八

加藤一郎（かとう・いちろう）

宮内庁書陵部陵墓課陵墓調査室主任研究官、早稲田大学非常勤講師。1976年、埼玉県生まれ。早稲田大学第一文学部考古学専修卒業、早稲田大学大学院文学研究科考古学専攻修士課程修了、早稲田大学大学院文学研究科考古学専攻博士後期過程単位取得退学、博士（文学）。2004年宮内庁書陵部陵墓課陵墓調査室に奉職。専門は古墳時代（埴輪、倭鏡など）、近世から明治・大正期の絵図・文書にみられる文化財。著書に『古墳時代後期倭鏡考——雄略朝から継体朝の鏡生産』（六一書房、2020年）、『倭王権の考古学——古墳出土品にみる社会変化』（早稲田大学出版部、2021年）、『人・墓・社会——日本考古学から東アジア考古学へ』（共著、雄山閣、2022年）。

早稲田新書018

古墳《こふん》との対話《たいわ》
—出土品《しゅつどひん》からみえるこの国《くに》のなりたち—

2023年11月10日　初版第１刷発行

著　者　加藤一郎
発行者　須賀晃一
発行所　株式会社 早稲田大学出版部
〒169-0051　東京都新宿区西早稲田 1-9-12
電話 03-3203-1551
http://www.waseda-up.co.jp
装　丁　三浦正已（精文堂印刷株式会社）
印刷・製本　精文堂印刷株式会社

ISBN：978-4-657-23011-9

早稲田新書の刊行にあたって

いつの時代も、わたしたちの周りには問題があふれています。一人一人が抱える問題から、家族や地域、国家、人類、世界が直面する問題まで、解決が求められています。それらの問題を正しく捉え解決策を示すためには、知の力が必要です。整然と分類された情報である知識。日々の実践から養われた知恵。これらを統合する能力と働きが知です。

早稲田大学の田中愛治総長（第十七代）は答のない問題に挑戦する「たくましい知性」と、多様な人々を理解し尊敬して協働できる「しなやかな感性」が必要であると強調しています。知はわたしたちの問題解決によりどころを与え、新しい価値を生み出す源泉です。日々直面する問題に圧倒されるわたしたちの固定観念や因習を打ち砕く力です。「早稲田新書」はそうした統合の知、問題解決のために組み替えられた応用の知を培う礎になりたいと希望します。それぞれの時代が直面する問題に一緒に取り組むために、知を分かち合いたいと思います。

早稲田で学ぶ人。早稲田で学んだ人。早稲田で学びたい人。早稲田で学びたかった人。早稲田とは関わりのなかった人。これらすべての人に早稲田大学が開かれているように、「早稲田新書」も開かれています。十九世紀の終わりから二十世紀半ばまで、通信教育の『早稲田講義録』が勉学を志す人に早稲田の知を届け、彼ら彼女らを知の世界に誘いました。「早稲田新書」はその理想を受け継ぎ、知の泉を四荒八極まで届けたいと思います。

早稲田大学の創立者である大隈重信は、学問の独立と学問の活用を大学の本旨とすると宣言しています。知の独立と知の活用が求められるゆえんです。知識と知恵をつなぎ、知性と感性を統合する知の先には、希望あふれる時代が広がっているはずです。

読者の皆様と共に知を活用し、希望の時代を追い求めたいと願っています。

２０２０年12月

須賀晃一